LA
CRISE RUSSE

NOTES ET IMPRESSIONS D'UN TÉMOIN

PAR

MAXIME KOVALEWSKY

PARIS

V. GIARD & E. BRIÈRE

LIBRAIRES-ÉDITEURS

16, rue Soufflot & 12, rue Toullier

1906

LA
CRISE RUSSE

NOTES ET IMPRESSIONS D'UN TÉMOIN

A LA MÊME LIBRAIRIE

LA
CRISE RUSSE

NOTES ET IMPRESSIONS D'UN TÉMOIN

PAR

MAXIME KOVALEWSKY

PARIS

V. GIARD & E. BRIÈRE

LIBRAIRES-ÉDITEURS

16, rue Soufflot & 12, rue Toullier

—

1906

INTRODUCTION

APERÇU GÉNÉRAL DES ÉVÉNEMENTS QUI SE SONT
DÉROULÉS EN RUSSIE EN 1905

Ce qu'on a bien voulu appeler du nom de révolution russe se présente aux yeux du sociologue
avec un caractère d'étrangeté qui, pourtant, ne
l'empêche pas de reconnaître dans la crise que nous
traversons les éléments constitutifs d'autres crises
sociales et politiques dont plus d'une remonte au
Moyen âge. On a beau appeler du nom de socialisme agraire le soulèvement des campagnards
russes dans le but de s'emparer des propriétés seigneuriales ; ce mouvement rappelle bien plus les
jacqueries du xiv⁰ siècle, tant en France qu'en
Angleterre, ou la guerre des paysans allemands à
l'époque de la Réforme, que les tentatives récentes
d'installer, à la place du régime individuel de la
propriété, le collectivisme ou le communisme. La
demande d'une journée ouvrière de 8 heures paraît
bien se rapprocher davantage de l'agitation, créée
par les syndicats et entretenue par l'Association
internationale des travailleurs, en faveur d'un sys-

<table><tr><td>Kovalevsky</td><td>1</td></tr></table>

tème assurant à l'ouvrier le temps nécessaire pour vaquer à ses affaires domestiques et à sa propre instruction. Mais le fait seul qu'une pareille demande ne suppose point en Russie la réduction du chômage obligatoire entretenu par la superstition religieuse et s'étendant à un nombre de fêtes presque double de celui qu'on trouve en Occident, suffit pour faire comprendre le caractère utopique que porte cette agitation dont le succès légal serait nécessairement suivi de la fermeture des principales fabriques et usines. A côté de ces deux tendances, de caractère social, on en trouve d'autres, ayant pour but la réforme politique de l'empire russe. Ce dernier a cela de particulier qu'il réunit les deux puissances — la temporelle et la spirituelle — entre les mains du souverain. Le tzar, sans avoir le droit de créer de nouveaux dogmes ou de changer le rituel, est le chef de l'orthodoxie, c'est-à-dire de la religion professée par la grande masse des sujets russes. Reconnaître la liberté de conscience, c'est porter un coup à l'orthodoxie qui n'admet aucun partage avec d'autres religions établies. Ce coup une fois porté, le tzar perd son caractère mystique et redevient une espèce de césar civil qu'aucune obligation de caractère religieux ne force à maintenir sa puissance sans limites envers et contre tous. L'empereur actuel s'est encore inspiré de ces idées moyenâgeuses en demandant au prêtre Jean de Constadt de vouloir bien le libérer de la promesse de maintenir l'autocratie, promesse qu'on trouve dans la formule du serment prêté par lui le jour de son couronnement. Car sans cela il craignait d'être parjure en délivrant tant les corps que les âmes de ses sujets de la tutelle sous laquelle ils avaient été placés, au plus grand bien, disait-on, du peuple russe et de l'orthodoxie. Les masses obscures qui continuent à voir dans leur tzar un pouvoir surhumain, imposé par Dieu lui-même, ont eu de la peine à comprendre, en lisant le manifeste du 17 (30) octobre, la vraie portée de certains termes, tels que la liberté de conscience. Il m'a été rapporté que dans certains milieux, de la capitale même de l'empire, on persistait à entendre par ces mots la faculté d'agir sans se préoccuper autrement des devoirs que nous dicte notre conscience. La façon dont le haut clergé a compris son rôle d'interprète des nouvelles volontés du chef de l'église orthodoxe n'a nullement contribué à renseigner le peuple sur le vrai caractère des libertés qui lui étaient reconnues. On s'accorde à dire que les massacres qui se sont produits à Moscou dans les jours qui suivirent l'octroi de ces libertés, sont dûs, en partie, aux agissements du métropolitain de Moscou et de quelques orateurs ecclésiastiques qui ont bien voulu se mettre sous ses ordres et prévenir leurs pupilles contre l'influence néfaste d'idées importées du dehors et dont les intellectuels et les Juifs seraient les principaux agents. Je connais de la meilleure source le fait suivant : A la fin d'un prêche fait à l'église paroissiale de St-Mitrophan à

Moscou, les ouaillles se sont assemblées devant la maison voisine, occupée par un avocat juif de mes amis, et ont lancé des pierres dans les carreaux. Il paraît que les vieux-croyants, satisfaits des concessions qui leur furent faites au mois de février, se rangèrent du côté de ceux qui, spontanément ou grâce aux agissements de la haute police, ont constitué un genre de bande civique, prête à tout tenter pour le plus grand bien de l'autocratie et de l'orthodoxie. On les fit apparaître sous un jour plus favorable à Nicolas II, qui consentit à recevoir de leurs délégués des icônes et les remercia de leur zèle patriotique. Enhardis par cela même, ils se ruèrent sur les étudiants, maltraitèrent et tuèrent même un certain nombre d'entre eux, et rendirent pour plusieurs jours peu sûre toute sortie nocturne dans les quartiers un peu éloignés du centre, et cela tant à Moscou qu'à Pétersbourg. En donnant pour prétexte que les intellectuels, qui avaient essayé de se promener à travers les rues des deux capitales avec des drapeaux rouges, étaient sur le point de s'attaquer à la personne même de l'empereur, ils en vinrent aux mains avec eux à plusieurs reprises et en plein jour. Des pierres furent jetées de part et d'autre. On dirigea les armes contre les assaillants, en leur faisant d'ailleurs peu de mal, car les pistolets n'étaient pas chargés de balles. Néanmoins ces quelques coups que les étudiants eurent le tort de tirer répandirent dans les masses des faubourgs l'appréhension que les révolutionnaires allaient tenter une émeute armée.

Ceci se passait au commencement même du mois de novembre ; les jours suivants, les faubouriens se promenèrent en bandes armées de bâtons et de haches à travers de larges avenues, telles que le *Samsonievsky prospect* à St-Pétersbourg. Ceux qui portaient l'uniforme des élèves de l'Ecole polytechnique ou de l'Institut technologique, ainsi que celui des étudiants de l'université de Pétersbourg, furent malmenés par ces serviteurs improvisés de l'ordre qui acquirent une fâcheuse réputation sous le nom de bandes noires ou encore sous celui de *khouligan*, terme emprunté aux Anglais. Bientôt des nouvelles autrement alarmantes quant aux faits et gestes de cette racaille vinrent mettre en émoi tous les esprits. A Moscou, les funérailles faites par les ouvriers et les intellectuels à une des victimes de ces massacreurs, au vétérinaire Baumann, furent troublées par des coups de fusils partis des casernes situées presqu'en face de l'université. Dans tout le midi de la Russie, et nulle part plus qu'à Odessa, on eut à enregistrer des massacres de Juifs et des attaques à main armée contre les étudiants et les professeurs qui s'étaient refugiés dans l'enceinte universitaire et durent subir un siège en due forme. Ce fut notamment le cas à Kharkoff, et le même fait se reproduisit, dans de moindres proportions, à Moscou. Mais toutes les horreurs dont la Russie d'Europe devint le spectacle dans la semaine qui suivit l'octroi des libertés publiques et la promesse d'une

assemblée nationale possédant des attributions
législatives, pâlissent devant le drame qui s'est
déroulé à Tomsk. Ici la populace, lancée contre les
grévistes par la police, brûla un théâtre où des ingénieurs, des étudiants et des employés du chemin
de fer s'étaient réfugiés. On ne voulut accorder
grâce et merci à personne, pas même au petit nombre de ceux qui tentaient d'échapper aux flammes
en se jetant par les fenêtres. Ces actes de barbarie
évoquent dans l'esprit le souvenir des scènes qui
se sont passées dans maintes villes allemandes du
temps de la Grande Mort, ou peste de 1348-49,
alors que les Juifs furent accusés d'empoisonner
les puits, ce qui détermina des hécatombes d'hommes, de femmes et d'enfants et força ceux échappés
à ces massacres à se réfugier en Pologne, en Hon-
grie et en Roumanie. Cette fois encore, nous reu-
trons en Russie en plein dans le Moyen âge, avec
son ignorance, sa superstition et sa barbarie, entre-
tenues par les prêtres, les moines, les agents du
pouvoir, tant civil qu'ecclésiastique, et cette meute
de gens intéressés au pillage, qu'on trouve régulièrement dans les bas-fonds d'une ville plus ou
moins peuplée.

A côté de ces survivances d'un passé de plusieurs siècles, nous devons noter à l'heure qu'il
est un engoument très marqué en Russie pour
les mêmes idées généreuses que celles qui furent
professées par la noblesse française pendant la
mémorable séance du 4 août et les journées qui

la suivirent, alors qu'on vota par acclamation les divers articles de la Déclaration des droits de l'homme. Des princes, dont les ancêtres remontent, non aux Croisades, mais à une époque qui les précède d'au moins trois siècles, l'époque de la formation même de l'état russe, de grands propriétaires fonciers, des industriels et des commerçants placés à la tête d'entreprises mondiales et, à côté d'eux, des professeurs, des écrivains, des journalistes, des ingénieurs, des avocats, des médecins, entrent spontanément dans les rangs de ceux qui revendiquent les droits de l'homme, droits égaux pour tous, et le suffrage universel égal, direct et secret. On croit par là conformer sa conduite aux dernières données de la science politique, démontrer qu'on occupe un niveau intellectuel et moral non inférieur à celui auquel se sont placés, en Occident, ceux-là même qui marchent fièrement à la tête du progrès. On tient également à être juste et équitable envers tous les opprimés, quels que soient leur race, leur religion et même leur degré de culture. On ne voit pas pourquoi, à côté d'un habitant de Pétersbourg ou de Moscou, un Iacoute et un Tcherkesse n'auraient pas le droit d'émettre un vote politique ; on se refuse de comprendre la raison pour laquelle l'avis d'un professeur de droit, par exemple, pèserait davantage dans la balance d'une élection que celui d'un de ces vagabonds dont la nature souvent généreuse nous a été révélée d'une façon si magistrale par

Maxime Gorki. Le pouvoir du tzar, déclare-t-on, ne peut passer qu'aux mains du peuple tout entier. La souveraineté impériale n'a d'autre héritier que la souveraineté des masses. L'emballement est à un tel point général qu'on trouve à peine, dans les réunions professionnelles ou dans les congrès des délégués de provinces et de municipalités, de faibles minorités ayant gardé assez d'esprit pratique pour prétendre que l'exercice d'un droit en pleine connaissance de cause est une condition indispensable au bon usage qu'on en fait, et que la métaphysique politique du xviiie siècle a vécu. L'idéologie apparaît d'ailleurs à tout instant côte à côte avec l'expression la plus brutale d'un intérêt de classe. A la suite d'un congrès des Zemstvos ayant promis aux Polonais une autonomie locale, s'éveilla soudain en octobre l'esprit dominateur des moscovites. On ne traita désormais les partisans d'une bonne entente avec les peuples annexés que de démembreurs de l'empire. A la suite d'autres assemblées, s'étant préoccupées plus particulièrement de la question agraire, ainsi qu'à la suite de vœux émis par une espèce de congrès paysan, voilà que les grands propriétaires fonciers se réunissent en novembre à Moscou, tiennent des séances clandestines et votent des adresses au tzar, dans lesquelles ils lui demandent de sauvegarder leurs intérêts en même temps que ceux de l'autocratie. Et ceci se passe dans le même pays et dans la même ville que celle qui a

vu apparaître les premiers journaux socialistes.
Ces derniers publièrent bientôt un manifeste révolutionnaire qui demanda l'établissement d'une
république démocratique, la journée de 8 heures
et toute la terre aux paysans. Comme moyen pour
faire triompher un pareil programme, on a d'abord
eu recours à la grève. Grâce à la bonne volonté
qu'ingénieurs, directeurs d'usines, directeurs des
journaux et la majorité des patrons ont mis à soutenir les grévistes, en leur payant, comme par le
passé, leur salaire ; grâce aussi à des fonds recueil-
lis dans des réunions publiques ou venus de
l'étranger, cette grève a pu s'étendre rapidement
des imprimeries et des chemins de fer où elle
venait d'éclater, à toutes les branches principales
de la production. Les pharmaciens ne voulaient
plus livrer des médicaments aux malades et les
médecins les assister de leurs conseils. Le prix
s'était élevé sur la viande, et les rues restaient
non éclairées pendant la nuit. Le télégraphe, le
téléphone, et même l'aqueduc, ne marchaient plus.
La grève était devenue générale, et son effet psy-
chologique sur l'esprit du tzar et de ses conseillers se manifesta par l'octroi du célèbre manifeste
du 30 octobre qui, un moment, vint soutenir l'espoir du peuple russe qu'une ère de liberté allait
enfin s'ouvrir pour lui. Partout on se félicitait de
la grande conquête pacifique qu'on avait faite au
prix du chomâge ; des orateurs publics et des
journalistes exprimaient franchement l'avis que

1.

la Russie devait désormais servir d'exemple aux ouvriers des deux mondes et qu'elle venait de résoudre le grand problème d'une révolution contre laquelle sont impuissantes toutes les armées et toutes les flottes. J'ai entendu de mes propres oreilles un écrivain très versé dans la question ouvrière, interpeller les officiers de la façon suivante : « Messieurs, vous n'aurez plus à choisir entre le devoir que vous impose le serment et votre devoir de citoyens, car l'occasion ne se présentera point pour vous d'intervenir dans nos discordes intestines : l'émeute armée est morte, vive la grève générale ! » Et cette grève a vécu, dans ce sens que quand on a voulu y recourir comme à un moyen régulier de lutte politique, elle se montra impuissante et dut céder le pas à l'émeute, à moins de s'éteindre sans résultats apparents. Nous en fîmes l'expérience au moment où, en réponse à la proclamation de l'état de siège en Pologne, les fabriques de Pétersbourg et les chemins de fer commencèrent à chômer. Cela dura quelques jours, puis tout rentra dans l'ordre. Ne se considérant pas pour battus, les organisateurs de la grève générale voulurent y recourir une troisième fois, en profitant du mécontentement que produisit parmi les employés des postes et des télégraphes, la défense de se syndiquer. Cette fois la grève avorta, mais l'émeute armée, éclatée à Moscou au milieu de décembre, se chargea de venger les grévistes et de préparer

un avenir meilleur. Des jeunes gens dont la
majeure partie n'avait pas atteint 25 ans se batti-
rent commé des braves, pour une cause belle et
sainte, mais condamnée d'avance, d'une part grâce
au manque de préparation suffisante et, de l'autre,
parce que la masse du peuple n'entend rien à la
république. Les rues de Moscou, encore plus tor-
tueuses que celles du quartier du Marais, et la
façon dont les grévistes surent s'emparer des maisons privées pour en faire des forteresses, enfin
le manque dans la garnison de Moscou d'une force
armée considérable, permirent à l'émeute de se
dérouler pendant une semaine entière. N'ayant pu
garder entre leurs mains le chemin de fer Nicolas,
les grévistes furent écrasés par un régiment de la
garde impériale envoyé en toute hâte de Pétersbourg. Des atrocités furent commises par les cosaques et les troupes régulières ; on massacra et on
brûla plus qu'il ne fallait pour assurer l'ordre des
rues ; on arrêta, par centaines et par milliers, des
gens n'ayant pris qu'une part indirecte au soulèvement ; on supprima des journaux, on défendit
des réunions publiques et même privées toutes les
fois qu'elles dépassaient un certain nombre de
personnes. Moscou est en ruines ; une partie de
ses fabriques chôme ; le commerce a peine à
reprendre ; un grand nombre de familles pleu-
rent des morts et des blessés, et la haine qu'inspire le gouvernement n'a fait que s'accroître, en
s'étendant de plus en plus à toutes les classes de

la société russe. L'écrasement du mouvement insurrectionnel avance également dans les provinces baltiques et dans celles situées sur le cours du Volga, telles que Saratov. On ne saura jamais le nombre de victimes que cette tentative intempestive de brusquer les événements a faites. Le parti libéral est plus divisé que par le passé, et on peut en dire autant des socialistes. Car, avant que l'émeute éclatât, un de leurs chefs, Plekhanoff, ainsi que le célèbre père Gapone, s'étaient déclarés contre tout soulèvement armé qui n'est devenu possible que grâce à l'entente cordiale d'une partie des socialistes-démocrates, conduits par M. Lenine, et les socialistes-révolutionnaires. Les socialistes-démocrates, d'ailleurs, se déclarèrent bientôt impuissants à conduire l'entreprise à bonne fin, et la direction active du soulèvement passa aux mains de leurs adversaires. Ces faits prouvent, on ne peut mieux, que le parti de l'action révolutionnaire n'a point de chef dont l'autorité s'impose à tous, et il en est de même des autres groupements, où des scissions profondes viennent de se produire à l'occasion de la publication du manifeste ouvrier par des journaux qui, en même temps, se déclaraient contraires au soulèvement armé.

Nous n'avons envisagé jusqu'ici que les agissements de ceux qui réclament l'établissement en Russie d'un nouveau régime. Demandons-nous maintenant ce qu'a fait le gouvernement pour enrayer ce mouvement ou pour le faire entrer dans

certaines limites. Il a commencé, le 22 janvier 1905,
par une fin de non-recevoir qui nous a valu le massacre d'ouvriers paisibles, manifestant au tzar le
désir qu'ils avaient de l'avoir pour arbitre de leurs
destinées. Les concessions ne vinrent que plus
tard ; à la fin de février (c'est-à-dire dans les premières journées de mars) le tzar fit une promesse
vague de certaines libertés et d'une certaine participation des délégués du peuple au conseil de
l'Empire. Devant le mécontentement grandissant et
qui devenait d'autant plus dangereux qu'il paraly-
sait les forces dont la Russie pouvait encore disposer contre l'ennemi extérieur, Nicolas II, désireux de ne point se plier à toutes les exigences du
Japon, fit paraître la loi du 6 (19) août, qui devait
doter la Russie d'une Chambre représentative.
Cette largesse n'était point suivie de l'octroi de
libertés publiques nécessaires, ne faisait aucun cas
des revendications en faveur du suffrage universel
et ne libérait point la représentation du peuple du
contrôle des hauts dignitaires de l'Empire, réunis
en Conseil d'Etat. Cela fit que, de toutes parts, et
surtout de celle des ouvriers qu'on avait sciemment
écartés de la participation aux travaux de la future
assemblée, partirent des réclamations violentes.
On parla ni plus ni moins que de boycotter la
Douma et tous ceux qui voulaient se présenter aux
élections. Un parti plus sage prévalut : celui de
pénétrer dans la future assemblée, afin de la
boycotter à l'intérieur, en réclamant de plus larges

libertés et la participation de tout le peuple aux
élections. La grève générale fit le reste, et le gouvernement n'ayant à compter sur aucun concours,
se vit forcé de donner son consentement à une partie des demandes qui lui étaient faites. Ces concessions tardives, bientôt suivies de nouvelles
déceptions pour les libéraux et les socialistes, ne
permirent point au congrès des Zemstvos de soutenir la politique du comte Witte, le président du
Conseil des ministres nouvellement créé, et d'exiger de sa part le renvoi de préfets et de policiers
dont la participation aux actes criminels commis
sur les Juifs et les intellectuels était par trop évi-
dente. On fit aussi entendre au ministre que la
proclamation de l'état de siège en Pologne n'était
pas nécessaire, que la convocation des représentants du peuple devait se faire le plus tôt possible
et que le cens électoral aurait à céder la place au
suffrage universel. On émit également d'autres
vœux, qui devaient moins lui déplaire, tel celui de
soumettre tous les ministres à sa direction, comme
président du Conseil, notamment les ministres des
affaires étrangères, de la guerre, de la marine et
des apanages, contrairement à un décret paru le
lendemain même du manifeste du 30 octobre. Tous
ces votes, ainsi que celui en faveur de l'abolition
de la peine de mort, que le ministre trouvait inop-
portune le lendemain d'une émeute des matelots à
Cronstadt et le jour même d'un soulèvement, plus
sérieux, de l'équipage de la flotte à Sébastopol,

finirent par creuser un fossé encore plus large entre
le gouvernement et les intellectuels menant la campagne en faveur de la liberté et du régime constitutionnel. Cette attitude, d'ailleurs nécessaire, de
ceux sur le concours de qui le comte Witte avait
eu l'air de compter, le força à se retourner du côté
de la cour. Le policier Trepoff fut bientôt surpassé
par le policier Dournovo. On nomma àMoscou,
à la place de l'ancien gouverneur général, qui avait
montré peu de résistance aux grévistes, un
homme à poigne, l'amiral Doubassoff. On fit paraître une loi sur la presse qui, tout en sacrifiant la
censure, reconnaissait le caractère de crime à des
actes plutôt de maladresses que de mauvaise
volonté. Enfin, on entreprit une guerre sans merci
contre tous ceux que le non-accomplissement des
promesses données par le tzar, avait poussés à un
soulèvement armé ; et l'émeute de Moscou une fois
étranglée, on essaya de regagner la popularité
perdue par une loi qui étendait les limites du pays
légal, en reconnaissant le droit de vote aux ouvriers,
aux fermiers, aux locataires et à toutes les professions libérales rapportant un revenu fixe. L'opinion
publique, exaspérée par le nombre des victimes et
les pertes matérielles que plus d'un n'ayant pris
aucune part à l'émeute avait dû subir, ne fit aucun
cas de ces nouvelles concessions et continue à
demander le suffrage universel. Le gouvernement,
très incertain quant aux résultats probables des élections, remet la convocation de la Chambre, après

de nouvelles promesses de la convoquer au plus tôt.
On prépare, en même temps, une loi devant transformer un bureau administratif, tel que le Conseil
d'Etat, en une Chambre haute, à moitié élective,
et où des délégués de la noblesse viendraient siéger
à côté de ceux des gros marchands et des industriels. En même temps, pour se libérer de la nécessité d'en appeler aux représentants du pays, l'ancien
ministre des finances M. Kokovtzeff a été chargé de
faire un nouvel emprunt à Paris ; sa tentative vient
d'aboutir à un réel succès, permettant par cela même
au gouvernement de se préoccuper à un moindre
degré du mécontentement général grandissant. Dire
qu'il y a un esprit de suite dans cette politique et
que les autorités ne se laissent pas influencer par les
événements, que toutes les concessions qu'elles font
ne portent pas le caractère de demi-mesures dont le
grand tort est de ne pas venir à leur heure, — ce
serait émettre là une contre-vérité. Le fait est
qu'un bureaucrate accompli ayant formé son ministère d'anciens chefs de section et constitué, de la
sorte, un ministère de famille plutôt que d'affaires,
a de la peine à se transformer en leader du mouvement qui emporte la Russie vers de nouvelles destinées, celles d'un peuple appelé à régler lui-même
ses propres destinées et à jouir de toutes les libertés
nécessaires à son bien-être tant matériel que
moral.

Ainsi, à tous les points de vue, la situation
actuelle de la Russie nous apparaît avec le carac-

tère de crise, crise sociale autant que politique,
crise financière, crise industrielle. Si nous ajoutons
à ce qui vient d'être dit que le pays traverse une
année de disette et a été plus ou moins ruiné par
la guerre, on verra les difficultés sans nombre que
doit rencontrer l'acheminement vers le régime
constitutionnel. Un choc violent se produit entre le
passé et le présent, entre les idées et les intérêts
d'un autre âge et la civilisation moderne. L'enfan-
tement de la liberté a toujours été douloureux ;
mais nulle part il ne s'est présenté avec un caractère
de crise plus aiguë, car la révolution russe — ou ce
qu'on entend par ce nom — est un bouleversement
d'idées et de sentiments aussi bien que d'intérêts.
Tous les problèmes qu'un peuple est appelé à résoudre durant une longue évolution, demandent impé-
rieusement à être tranchés, et cela sur l'heure. Le
succès du mouvement dépendra de la façon dont
on saura concilier les revendications des diverses
nationalités avec l'unité de la Russie et le libre élan
ouvert aux volontés tant individuelles que collectives. J'entends par là la nécessité d'établir non seulement un régime constitutionnel à large base, mais
encore l'autonomie relative tant des personnes que
des nationalités, occupant certaines régions définies
et ayant gardé du passé la tradition d'indépendance
politique. Le centralisme n'est pas fait pour assurer
aux institutions, même libérales, de l'empire une
longue durée ; une Chambre unique dans laquelle
viendraient se confondre Russes, Polonais, Petits-

Russiens, Arméniens, Géorgiens, etc., etc., pourra
bien tomber au niveau d'un de ces pandemoniums
d'intérêts particuliers de classes et de races dont le
Reichsrath autrichien et la diète hongroise nous
ont présenté plus d'une fois le triste spectacle. On
fera bien, par conséquent, de reconnaître à certaines régions qui, en somme, ne sont que les territoires de peuples annexés ou des colonies, ayant
cela de particulier qu'aucun espace ne les sépare de
la mère-patrie, on fera bien, dis-je, de leur accorder
une autonomie relative, supposant le droit d'être
régies, en partie du moins, par des lois locales.
L'unité de l'empire ne réclame que l'unité du
commandement dans l'armée et la flotte, ainsi
qu'une politique industrielle et commerciale commune, par conséquent le même tarif douanier, sur
toute l'étendue du pays, la même monnaie, les
mêmes poids et mesures, une législation commune
quant aux chemins de fer et aux voies fluviales, un
droit commercial commun, ainsi qu'une commune
législation en matière de contrats, de lettres de
change, etc., etc. La paix publique ne serait pas
menacée dans le cas où chacune des régions à
demi-indépendantes possèderait le droit de complè-
ter son statut réel par de nouvelles lois régionales,
où elle serait autorisée à introduire dans ses écoles
et dans ses bureaux administratifs, ainsi que dans
ses cours judiciaires, l'usage de son propre idiome.
La concorde des diverses parties de l'empire russe
assurerait à ce dernier une force de résistance vis-

à-vis de l'étranger qui dépasserait celle que lui donne le pouvoir illimité du tzar, s'appuyant sur son armée de soldats et de fonctionnaires. La liberté et l'égalité russe auraient cela de particulier que le droit de libre initiative serait reconnu non seulement aux individus, mais à des groupes ethniques ou formés par l'histoire. Ce que l'Europe pourrait gagner à la pacification des esprits dans cette vaste contrée embrassant un sixième des continents, n'a pas besoin de démonstration. L'exemple de la Russie entraînerait l'Asie, et la civilisation européenne, arrêtée aux confins du Pamir et du lac Aral, s'étendrait nécessairement à tous les pays musulmans, en commençant par la Turquie, et à toute la race jaune dont le Japon ne présente que la branche la plus avancée. Il n'existe point, dans l'histoire moderne, d'événement qui dépasse en portée l'heureuse issue de la crise actuelle russe. Aussi ai-je trouvé bon de consacrer les loisirs que m'accorde l'interruption momentanée de mon activité en Russie, pour donner aux lecteurs français, dans ses grandes lignes, le tableau des divers aspects de la crise que nous traversons. Son étude lui fera peut-être chercher d'autres solutions aux grands problèmes qui nous agitent que celles qu'on voit préconiser dans la presse quotidienne. Il changera probablement d'avis quant au devoir qui incombait aux libéraux de se précipiter dans les bras du tout puissant ministre, alors que ces bras ne leur étaient pas même tendus. Il voudra reconnaître que la tentative d'établir un accord avec les Polonais était moins intempestive et moins contraire aux vrais intérêts des Russes qu'on n'a bien voulu le faire entendre ; que l'optimisme, cruellement expié par ceux qui ont pris part au mouvement insurrectionnel de Moscou, était excusable, vu l'emballement général et le manque de suite dans les actes des gouvernants ; en un mot, que, malgré les immenses difficultés que le mouvement libéral rencontre dans l'ignorance superstitieuse des masses et les entraves multiples que lui dresse la bureaucratie, trop intéressée au maintien de l'ordre établi pour consentir à sa disparition, un régime assurant plus de liberté et plus de justice est en train de s'établir en Russie. Il relèvera le bien-être des masses populaires et établira une meilleure entente entre les Grands-Russes et les peuples annexés.

CHAPITRE PREMIER

On considère l'autocratie comme un régime essentiellement russe. J'étonnerai par conséquent plus d'un Français en insistant sur ce fait que ce régime ne s'établit définitivement en Russie qu'à la fin du xve et surtout au xvie siècle, c'est-à-dire à la même époque qu'en France et dans les autres pays du continent européen. Notre Moyen âge connut un tout autre système : celui de républiques urbaines confiant le soin de leur défense vis-à-vis de l'étranger et du maintien de la paix publique à des princes élus, appartenant à une seule et même dynastie, étrangère par ses origines, la dynastie de Rurik. Des accords écrits, espèces de contrats, conclus entre les membres de l'assemblée populaire, le *vetche*, et le prince élu, devaient régler les rapports des deux parties. Ils indiquaient des limites au pouvoir du prince et énuméraient les diverses prestations auxquelles s'engageaient à son bénéfice ses futurs sujets. Le serment de fidélité était prêté également par le prince et par le peuple. Toute

enfreinte aux devoirs réciproques déliait les parties
de leur engagement. Le prince était autorisé à chercher un autre trône et le peuple — un autre prince.
Ces assises populaires formèrent la base des institutions de toutes les principautés russes qui surgirent
dans le courant du x° et du xi° siècle, et dont l'une,
celle de Kiev, devint bientôt la principale entre
toutes. On connut des assemblées populaires tant
dans le nord et le nord-ouest, à Novgorod et Pskov,
que dans le sud, à Kiev, Tchernigov, Smolensk ou
Galitch, ou encore dans le sud-est, à Nijni-Novgorod. Les principautés septentrionales, où la population afflua du sud à partir du xiii°siècle, époque
de l'invasion des Tartares, suivirent le même système : il y eut des assemblées populaires dans la
principauté de Vladimir ou de Tver de même qu'à
Moscou. Un des pays du Nord, Viatka, colonie
créée par Novgorod, eut même cela de particulier
qu'elle sut se passer d'un prince et resta à l'état de
république démocratique jusqu'au jour de son annexion à la Moscovie, c'est-à-dire à la fin du xv° siècle.

Des raisons multiples et complexes amenèrent
l'établissement de l'autocratie moscovite. Les princes héréditaires dont Moscou devint le siège depuis
le xiii° siècle firent preuve d'une grande servilité
vis-à-vis des Khans, ou princes tartares, dont
le chef-lieu fut longtemps la ville d'Astrakhan et
dont l'état portait le nom de la Grande Horde ou
Horde Dorée. En récompense de cette attitude,
les princes de la Moscovie furent autorisés par le

Khan à devenir les percepteurs et les fermiers des impôts que les Tartares prélevaient sur toutes les terres soumises à leur puissance. Sans s'ingérer dans les affaires intérieures de la Russie, les Khans tartares, comme tous les souverains mahométans, se contentaient de recevoir annuellement une somme définie dont le prince de Moscovie se portait garant. A cette condition, les Tartares lui maintenaient son titre et son autorité de premier prince ou « grand duc » de la Russie, et l'autorisaient à exiger l'impôt tant de ses sujets directs que de ceux soumis à l'autorité d'autres ducs, chefs de principautés plus ou moins indépendantes. Dans ces conditions, il était facile à Moscou, d'attirer vers elle le chef du clergé orthodoxe, le métropolitain, qui, depuis le pillage de Kiev par les Tartares, ne savait où se fixer d'une façon définitive (à Galitch, principauté du sud-ouest, trop voisine de la Pologne pour devenir le chef-lieu de l'orthodoxie, ou à Vladimir, dont l'importance commençait à décliner au bénéfice de Moscou). A partir de la fin du xiiie siècle, Moscou devient la métropole ecclésiastique de la Russie. A la distance de plusieurs années, ses princes arrivent à fonder dans les environs de Moscou une riche abbaye, celle de Troïtza. Son premier prieur, Saint-Serge, devint l'allié du prince moscovite. Le libérateur des Russes, Dimitri Donskoï, celui-là même, qui infligea aux Tartares une défaite dont ils ne surent jamais se relever, fut conseillé et béni par lui. Le lien de l'autocratie avec l'orthodoxie fut définitivement scellé à partir de cette époque. Enrichis, en leur qualité de fermiers généraux des Khans tartares, les princes moscovites employèrent la majeure partie du trésor accumulé par eux à acheter des terres voisines. Moscou qui, à ses origines, possédait à peine quelques villes et quelques villages, situés sur les bords de là Moscova, rivière qui ne devient navigable qu'à partir de cette capitale et qui, en tant qu'affluent de l'Oka, met la cité en correspondance avec le Volga et la mer Caspienne, s'étendit de plus en plus tant au nord qu'au nord-est et au nord-ouest, aux dépens d'autres principautés. Les guerres entreprises contre ceux qui étaient à la tête de ces petits états, ainsi que des républiques du nord et du nord-ouest, de Novgorod et de Pskov, amenèrent en même temps que l'agrandissement de la Moscovite, la chute des anciennes assises populaires sur lesquelles s'était élevée la principauté urbaine de la Russie médiévale. L'assemblée populaire finit par disparaître entièrement depuis la chute de la république de Novgorod, annexée à la Moscovie par Jean III dans la seconde moitié du xvᵉ siècle, et de celle de Pskov qui eut le même sort sous son successeur direct, Basile. Les familles régnantes médiatisées finirent par s'établir à Moscou et à faire partie du Conseil du prince. D'abord ce ne furent que des serviteurs volontaires, richement rémunérés pour leurs services par des terres données sinon en fief, du moins en bénéfice. Plus tard ils échangèrent ce titre contre celui d'agents administratifs et militaires privés du droit de rompre les liens, d'origine contractuelle, qui les rattachaient au sort des princes de la Moscovie ; dès lors, nous les voyons céder la place dans les Conseils du prince à des hommes d'une origine plus obscure, mais entièrement soumis à son bon vouloir. Pour éclairer sa conscience, le prince, devenu tzar, fit appel, à partir de Jean le Terrible, aux représentants des diverses couches sociales directement intéressées à l'administration, tant militaire que financière. C'est à titre de membres de ses armées ainsi qu'à celui de fermiers d'impôts indirects, que des délégués de la noblesse et du tiers-état de Moscou vinrent siéger, à des périodes indéterminées, au Conseil du tzar et constituèrent une espèce d'Etats généraux, avec voix consultative ; la Chambre haute de ces Etats fut souvent formée de membres du Conseil des boïars, la *Douma*, ainsi que par le métropolitain, les archevêques et évêques, tandis que la Chambre basse compta plus d'une fois dans son sein, à côté des représentants de la noblesse, petite et moyenne, des diverses provinces et villes de l'empire, des délégués du tiers-état et même des paysans, en tant que membres des « centaines rurales », autrement dites « noires ». L'existence de ces Etats généraux, connus en Russie sous le nom de *Zemski Sobor*, ne porta aucune atteinte à l'autocratie ; mais elle rendit en même temps au pays le service de dévoiler les prévarications commises par les agents directs du pouvoir et suscita plus d'une réforme utile et souvent nécessaire. Les *Zemski Sobor*, autrement dit les Etats généraux, naquirent au moment même où l'autocratie, soutenue par les principes du droit romain importés en Russie par des fuyards grecs, chassés de Constantinople à la suite de sa prise par les Turcs, cherchait à se libérer de tout contrôle de l'aristocratie moscovite, des boïars. Les Etats généraux devinrent en quelque sorte le contre-poids aux prétentions que la haute noblesse élevait quant au partage du pouvoir suprême avec le tzar. Aussi s'explique-t-on aisément la raison pour laquelle le grand persécuteur des boïars, Jean le Terrible, fut le premier à introduire en Russie les assemblées représentatives, ou les *Sobors*. Cette institution eut un moment de grandeur, à la fin de la première dynastie, pendant la période des troubles occasionnés par l'intervention des Polonais et des Suédois dans les affaires intérieures de la Russie. Nos voisins de l'ouest et du nord tenaient à nous donner pour régent un prince appartenant à leurs propres dynasties règnantes. Le Sobor de 1612, réuni dans ces circonstances sur l'initiative d'un homme de guerre, le prince Pojarski, et un bourgeois de Nijni-Novgorod, Minine, commença par éliminer tous ces prétendants. Il voulut remettre le pouvoir à un seigneur d'origine russe, allié à la dynastie éteinte des Rurik. Son choix tomba sur un jeune homme n'appartenant même pas à une famille princière, mais dont le père, élevé, malgré lui, au rang d'évêque, jouissait d'une grande popularité et expiait son attitude intransigeante vis-à-vis des Polonais au fond d'un cachot où il avait été jeté par le roi Kasimir. Avec l'avènement de Michel Romanoff, le premier de la dynastie à laquelle appartint le plus grand de nos monarques, Pierre Ier, la réunion des *sobors* devint périodique. Les subsides et les dons gratuits furent votés par les représentants des divers ordres sociaux, appelés à siéger dans son sein. Le tzar, tout en gardant entre ses mains la direction de la politique tant intérieure qu'extérieure, ainsi que le pouvoir législatif, consulta plus d'une fois de son plein gré les représentants du pays sur des affaires de la plus haute importance, telle l'annexion de la Petite-Russie, libérée du joug des Polonais par le hetman, ou le chef, des cosaques du Dnieper, Bogdan Khmélnitzky. Les *sobors* portèrent plus d'une fois à la connaissance du tzar l'expression de leurs vœux quant aux réformes à introduire dans le domaine des lois et dans le régime tant administratif que judiciaire. Les autocrates russes en tinrent compte et le Code publié par Alexis, père de Pierre le Grand, porte l'empreinte des vœux exprimés par les représentants du pays. Les assemblées représentatives n'ont jamais été abolies en Russie par la loi : elles cessèrent d'être convoquées à la majorité de Pierre le Grand, en 1698. Le rénovateur de la Russie s'inspira de l'exemple de la France autocratique et centraliste, telle qu'elle sortit de la réforme de Richelieu ; il suivit également celui de la Suède qui imita de près le système français des intendants de provinces et de bureaux administratifs, ayant leur siège dans la capitale.

Conseillé par le célèbre philosophe allemand Leibnitz, Pierre le Grand implanta en Russie le régime bureaucratique et la centralisation administrative. Le système collégial fut introduit dans l'organisation des grands pouvoirs de l'Etat, tels que le Sénat administratif et le Saint-Synode, ce dernier venant prendre la place du patriarche, espèce de pape orthodoxe. Des gouverneurs furent créés dans les provinces, avec des attributions tout aussi peu définies que celles des intendants de l'ancienne France ou des préfets de l'Empire. C'est à partir de Pierre le Grand que la Russie devint un état bureaucratique. A la mort du réformateur, sous les impératrices et les princes mineurs qui détinrent pendant quelques temps les rennes du pouvoir, cette bureaucratie exerça sans partage le pouvoir suprême. Catherine II, imbue des idées de Montesquieu, fut la première à appeler la noblesse à partager avec la bureaucratie le poids de l'administration provinciale. Au fur et à mesure que le tiers-état arrivait à se constituer dans les villes, la bourgeoisie, de pair avec la noblesse, était autorisée à prendre part, avec les agents du gouvernement, à l'administration municipale. Ces deux réformes, accomplies dans la seconde moitié du xviii° siècle, inaugurèrent en Russie une ère nouvelle, celle du self-government local. Avec l'émancipation des serfs, on put étendre le même principe de la participation du peuple à la gérance des intérêts économiques, tant à la commune et au canton — le *selo* et la *volost* — qu'au département et à l'arrondissement. C'est sous Alexandre II, l'aïeul de l'empereur qui nous gouverne, que furent établies en Russie les assemblées communales et cantonales et les chefs élus des villages et des cantons. Le seigneur foncier, ainsi que le prêtre de la paroisse, furent exclus de ces réunions : on craignait que la participation du premier ne devînt le point de départ du rétablissement de ce pouvoir seigneurial auquel la loi émancipatrice de 1861 venait de porter un coup mortel. Les paysans élisent seuls leurs supérieurs ou *starosta*, tant dans les villages que dans les cantons, sans autre contrôle que celui d'un agent gouvernemental nommé *Zemski natchalnik*. Ce dernier étant entièrement soumis au préfet, la centralisation administrative, a été portée sous Alexandre III jusqu'au sein des villages. La volonté de l'agent gouvernemental pèse sur les décisions de l'assemblée tant cantonale que villageoise et rend toute sincérité du vote impossible. Quant à notre self-government provincial, il rappelle de près celui dont les organes sont en France le Conseil général du département et le Conseil d'arrondissement. Chacun de ces conseils possède en Russie, comme organe exécutif, une commission élue qui dirige l'administration économique de la province et de l'arrondissement. L'ensemble des Conseils et de leurs commissions exécutives constitue ce qu'on appelle en Russie du nom de *Zemstvos*. C'est à eux que revient l'honneur d'avoir créé le mouvement libéral et constitutionnel dont je compte parler. Ce sujet étant par lui-même fort vaste, j'ai dû me borner à envisager à vol d'oiseau cette évolution séculaire des institutions politiques de mon pays exposée plus au long dans mon livre sur le régime gouvernemental russe. Dans un récent article publié par la *Revue de Paris*, M. Victor Bérard résume on ne peut mieux l'idée générale qui se détache de l'ensemble des faits que j'ai réunis dans mon livre, en disant : « Loin d'être un produit spécifiquement russe, on peut dire que le tzarisme, c'est-à-dire l'autocratie, fut, pièce par pièce, importé de l'étranger, que des nécessités extérieures l'implantèrent, puis en développèrent le rôle et les prérogatives... C'est là une vérité dont les libéraux russes ont fait dix fois la preuve ». Si l'autocratie n'est, par conséquent, que d'une origine relativement récente, si son avènement a été déterminé par des nécessités passagères, il s'en suit que les temps ayant changé, cette institution a pris également la route de l'abîme qui paraît être celle de toutes les institutions humaines. Le pays tout entier se soulève contre l'arbitraire administratif et le despotisme ministériel ou bureaucratique, terme qui bientôt deviendra tout aussi populaire en Russie qu'il l'était en France en

1789. Nous sommes à la veille de grandes réformes intérieures et c'est de ces réformes ou plutôt des projets qu'elles ont suscités que je compte entretenir désormais le lecteur.

CHAPITRE II

LES ORIGINES DU MOUVEMENT LIBÉRAL EN RUSSIE

Quiconque voudra faire l'histoire du mouvement libéral russe devra remonter au règne de l'impératrice Anne. Les membres du Conseil supérieur privé, menés par le prince Vassili Galitzine, portèrent leur choix sur la fille cadette du frère de Pierre le Grand parce qu'ils espéraient obtenir de la part de cette princesse de Courlande des concessions à même de garantir une plus grande liberté sinon au peuple russe, du moins à la haute bureaucratie. Ce fait a été conté plus d'une fois par des historiens tant russes qu'étrangers. L'exemple donné par le Conseil suédois qui, en 1719, avait imposé au successeur de Charles XII l'obligation de n'émettre aucune nouvelle loi qu'en se conformant à la décision de la majorité de ses membres, détermina en grande partie la politique du prince Galitzine et de ses collègues. Cette tentative de limiter le pouvoir autocratique non par une assemblée représentative, mais par un Conseil de hauts dignitaires, échoua piteusement.

La petite noblesse conspira avec l'impératrice et
sa sœur, la duchesse de Meeklembourg ; les fameu-
ses « conditions » déjà signées par Anne furent
mises en lambeaux, et ceux qui s'étaient placés à
la tête du mouvement durent payer de leur exil
cette première tentative de mettre un frein au bon
vouloir des favoris. Car en somme, depuis la
mort de Pierre le Grand on n'avait vu en Russie
d'autre régime que celui des parvenus, d'origine tant
russe qu'allemande, qui, sous le nom de Menchikoff, Minich, Ostermann ou les frères Dolgorouki
s'étaient déchirés entre eux, afin d'assurer par
leur influence aux affaires tantôt les intérêts de
l'Autriche, tantôt ceux de la Prusse, rarement ceux
du pays qu'ils étaient appelés à servir. Ces favoris
profitaient des bontés de l'impératrice Catherine Ier, à leur égard ou de la frivolité de son successeur, l'adolescent Pierre II, pour tailler une large
part dans les biens de la couronne. Le régime,
auquel l'entreprise de Galitzine avait essayé vainement de mettre un terme, reparut et s'affermit sous
Anne qui fit d'un aventurier dont le vrai nom
était Bühren le tout-puissant régent de l'empire.
Il serait fastidieux d'insister longuement sur ce
fait que, de tous les régimes subis par la Russie,
aucun n'a été plus oppresseur et plus déshonorant
que celui des favoris du xviiie siècle, régime qui ne
cessa point ni sous Elisabeth, ni sous Catherine II,
ni même, dans un certain sens, sous Alexandre Ier,
car Araktcheef, de funeste mémoire, ne fut que le

dernier représentant de cette série d'aventuriers qui
se disputaient les bonnes grâces du monarque et la
possibilité de dépouiller le pays à leur plus grand
profit.

Ce fut un fait inouï dans les annales russes que
ces conciliabules secrets qu'à une époque voisine
de la célèbre entrevue des deux empereurs, Napoléon et Alexandre, à Tilsitt, le monarque russe
tint avec un nouveau favori, du nom de Spéransky. Il lui ouvrait son cœur, en lui débitant
toutes les leçons que lui avait apprises son maître de français, La Harpe, quant aux droits des
peuples et aux devoirs des souverains. Il lui faisait comprendre qu'il ne tenait point au pouvoir,
qu'il rêvait de finir ses jours en simple particulier,
mais qu'avant de se retirer, il voulait doter son
pays, ou, plutôt, les pays que la Providence avait
confiés à ses soins, du régime constitutionnel. Spéransky eut le tort de prendre ces confidences au
sérieux et d'élaborer le texte d'une loi organique
qui devait introduire en Russie des institutions
copiées sur celles de l'empire francais, notamment
un Conseil d'Etat et un Collège de ministres,
appelé Comité ; à côté de ces pouvoirs administratifs une Chambre représentative devait être
créée sur un modèle plutôt américain qu'anglais.
La liberté relative dont la presse russe jouit depuis
quelque temps a permis aux journaux de parler
récemment de cette Constitution et d'en révéler
quelques traits vraiment caractéristiques. D'après

le projet de Speransky, la *Douma*, ou assemblée représentative russe, devait être composée de délégués envoyés par les Conseils généraux des divers départements de la Russie, ou *Doumas* provinciales. Ces dernières, à leur tour, étaient constituées par les délégués des Conseils de communes ou *volosts*. Ces détails sont à noter, car dans tous les projets de constitution dont nous aurons à nous occuper, sans en excepter celui qui fut récemment encore présenté par des membres de nos *zemstvos*, réunis à cette fin à Pétersbourg, il a toujours été question de donner une teinte fédéraliste à notre représentation nationale et d'assurer aux provinces la possibilité de faire entendre leurs vœux, Spéransky était loin d'accorder à la Douma le droit d'initiative. Le gouvernement seul avait le pouvoir d'introduire les réformes qui lui semblaient désirables. La *Douma* n'avait que voix consultative, ainsi que le droit d'émettre des vœux et de présenter des doléances. En se conformant à l'exemple donné par les Parlements et les Cours souveraines de l'ancienne France, Spéransky avait voulu en faire également une espèce de dépôt des lois, et l'avait dotée du droit de refuser l'enregistrement aux mesures législatives qui lui semblaient contraires à la constitution du pays.

Le projet de Spéransky resta lettre morte. Même plus tard Alexandre ne fit l'expérience du régime constitutionnel qu'en Pologne. Malgré toutes les

restrictions qui avaient été apportées à l'initiative
des Chambres par les nouvelles lois organiques
polonaises, la haute noblesse du pays sut attirer le
mécontentement de l'empereur par des velléités d'indépendance. Ce qui se passait en Pologne, et surtout
ce que lui en disaient les bureaucrates russes,
notamment Novosiltzeff, à qui il avait confié la
surveillance de la diète, n'était pas fait pour lui
inspirer le désir de doter ses autres peuples, ainsi
qu'il l'avait promis, d'institutions représentatives.
Aussi recula-t-il toujours devant la mise en exécution de cette partie du projet de Spéransky qui avait
eu pour but l'établissement d'une assemblée nationale russe.

Le ministre réformateur s'était plaint à plusieurs
reprises de l'indécision du tzar, et ce bruit ayant
été rapporté à Alexandre, il en prit ombrage.
Après une scène intime pendant laquelle l'empereur versa quelques larmes, l'ancien favori, à sa
sortie du palais, fut envoyé en exil. Il eut beau
protester de son dévouement et rappeler à l'empereur, dans ses lettres, qu'il n'avait été que l'exé-
cuteur des desseins du tzar, Alexandre le laissa
se morfondre en Sibérie et ensevelit à tout jamais
le projet de constitution qui lui avait été proposé. Les nationalistes russes peuvent revendiquer leur part dans cet écroulement de la politique
constitutionnelle. Le fameux historien Karamzine ne recula point devant une affirmation que
nous avons vu apparaître de nouveau dans les

conciliabules tenus par le tzar Nicolas II avec ses ministres et dont sortit le fameux manifeste qui déçut les espérances des libéraux russes. Karamzine plaida plus ou moins la même thèse que celle dont M. Mouravieff se fit le défenseur : il prétendit, contrairement à tout le passé historique de la Russie et à l'évidence même, que l'autocrate n'avait pas le droit de donner des limites à son pouvoir, alors que les prédécesseurs directs de la famille des Romanoff, ceux qui, pendant quelque temps, avaient failli donner naissance à de nouvelles dynasties règnantes, ne reculèrent point devant la promesse formelle d'accepter certaines restrictions de la part des *boïars* et d'une espèce d'Etats Généraux connus, dans la Russie du xviiᵉ siècle, sous le nom de *zemski sobor*. Les mêmes assemblées des Etats avaient pris une part très active à la politique tant intérieure qu'extérieure de la Russie, ainsi qu'à la codification de ses lois sous les deux premiers Romanoff, Michel et Alexis. Leurs cahiers de doléances ont laissé notamment des traces dans le Code ou *Oŭlogenié* de 1648. La thèse développée par notre historiographe officiel était, par conséquent, insoutenable ; elle le reste encore de nos jours, car rien n'est venu confirmer l'assertion de quelques publicistes russes qu'Alexandre Iᵉʳ manquait de l'autorité nécessaire pour reconnaître aux Finlandais le droit d'avoir une diète et que par conséquent sa parole impériale n'engage pas ses descendants. Or, ce que l'empereur a pu faire en Pologne ou en Finlande, c'est-à-dire limiter volontairement son pouvoir, rien ne l'empêche d'accomplir en Russie, rien que l'intérêt particulier des favoris qui entourent le trône et dont le « despotisme ministériel » ainsi qu'on le disait couramment en France à la veille de la Révolution, court le risque d'être anéanti.

Pour nous retrouver en face d'un nouveau projet de constitution ou de ce qu'on a bien voulu appeler de ce nom, il faut arriver à la fin du règne d'Alexandre II. L'empereur venait de sortir vainqueur d'une longue guerre avec la Turquie. L'indépendance de la Bulgarie était proclamée ; mais les intérêts vitaux de la Russie n'avaient pas reçu au congrès de Berlin les garanties qu'une guerre heureuse faisait espérer. Bismarck avait fait entendre que la Russie ne pourrait acquérir de port ouvert toute l'année qu'en Extrême-Orient, et il avait orienté la politique russe vers cette Mandchourie dont la possession, même provisoire, nous a déjà coûté tant de sang. Au mécontentement créé par la politique étrangère venait s'ajouter le désappointement des libéraux russes. Ils avaient vu succéder, en effet, à la grande loi de l'émancipation des serfs, à la réforme de l'administration départementale et municipale, ainsi que de l'organisation judiciaire, une série de mesures les unes plus réac‑ tionnaires que les autres. Elles commencèrent après la malheureuse révolution de Pologne, également funeste aux deux pays, car elle fut tant à Pétersbourg, qu'à Varsovie, le point de départ d'une espèce de contre-révolution. Au lieu d'appeler les classes dirigeantes, la noblesse et le tiers-état, à exercer un rôle actif dans le domaine du *self-government*, local et central, ainsi qu'on s'y attendait, le tzar-libérateur et ses ministres commencèrent à témoigner à ces mêmes classes une méfiance vraiment injustifiée. On s'opposait à toute entente entre les conseils généraux ainsi qu'entre les municipalités ; on augmentait le pouvoir discrétionnaire des préfets ou gouverneurs de provinces, et on témoignait une rigueur extrême vis-à-vis de toute expression d'idées libérales dans la presse et dans l'enseignement supérieur. Nos universités avaient à peine reçu une autonomie relative, que le gouvernement agitait déjà la question de savoir si on ne leur imposerait point un nouveau règlement, conçu dans un esprit radicalement opposé. La presse s'était crue libre parce qu'on lui avait octroyé le régime dont les Français avaient eu plus d'une fois l'occasion de se plaindre sous Napoléon III. Les circulaires du ministre de l'intérieur lui firent bientôt comprendre quelle avait été son erreur. Les « avertissements » se succédaient à la distance de quelques mois ; des journaux comme l'*Ordre*, dirigés par des esprits très pondérés, tels l'ancien professeur Stassioulevitch, ne naissaient que pour disparaître dans le courant de la même année sous les coups réitérés de la censure.

La société russe avait pourtant fait plus d'un

sacrifice pour la réussite de la guerre ; elle avait
donné au gouvernement ce soutien moral et matériel qui lui a tant manqué dans la guerre récente.
Elle se croyait en conséquence le droit d'attendre
que le tzar vainqueur lui rapporterait à sa rentrée
triomphale à Moscou la constitution si longtemps
désirée. A la place de cette constitution qui devait
doter le pays d'un régime représentatif, on eut
celui de chefs militaires placés à la tête de vastes
régions, avec un pouvoir discrétionnaire, et tout
cela à cause d'un mouvement qui n'avait eu, à ses
origines, d'autre but que celui de répandre dans
les campagnes, par des moyens pacifiques, les idées
égalitaires dont le socialisme se fait l'apôtre. On
poursuivit ceux qui s'étaient consacrés à cette propagande, comme des malfaiteurs ; on les jeta en prison, on les exila en Sibérie. Leurs camarades ven-
gèrent leurs injures en s'attaquant de vive force à
quelques employés supérieurs dont étaient partis
les ordres de détention et d'exil. Le terrorisme fit
son apparition en Russie ; on vit une jeune fille,
Vera Zassoulitch venger, sur la personne du préfet
de police Trepoff, l'injure dont avait eu à se plaindre un étudiant obscure et mis dans l'impossibilité
de toute défense personnelle ou de recours aux
tribunaux. Le jury se prononça en faveur de l'in-
culpée ; elle fut acquittée. Et quand, contrairement
au jugement, les gendarmes tentèrent de s'en
emparer, la foule sut empêcher ce forfait, et la
jeune fille, protégée par des amis, gagna la fron-

tière et se réfugia en Suisse (1). Des enfreintes manifestes à la loi, des perquisitions nocturnes, des déportations administratives excitèrent au suprême degré la haine du public. Et quand Alexandre II tomba victime de l'excès de zèle de ses subalternes, une bonne moitié des libéraux ne vit dans cette disparition du tzar-libérateur qu'un acheminement vers un régime de liberté et de justice. Alexandre III sut détromper ces attentes. Les concessions que son père, pour avoir la paix, avait trouvé bon de faire, la veille même de sa mort, et que son successeur consentit à mettre en exécution afin de se conformer au désir du défunt, furent révoquées à la distance de quelques jours, grâce à l'intervention, fort théâtrale, du procureur du Saint-Synode, M. Pobiedonostzeff. Ce dernier, au nom de l'orthodoxie, vint supplier l'autocrate de ne rien perdre de l'héritage laissé par ses ancêtres. Le maintien du bon plaisir impérial paraissait à cet ancien professeur de droit à l'université de Moscou une condition indispensable pour garder au tzar la haute situation d'une espèce de pape laïque. Or, le fait est que les tzars n'ont jamais eu la prétention de créer des dogmes, prétention qui, bien entendu, n'est conciliable qu'avec le bon vouloir sans limites. Un tzar désireux d'établir un dogme nouveau produirait nécessairement un

____

(1) Vera Zassoulitch ne rentra en Russie qu'après le manifeste du 17 (30) octobre 1905.

schisme bien plus dangereux que toutes les concessions libérales qu'il pourrait être amené à faire à ses sujets.

En qualité d'ancien professeur de droit, M. Pobiedonostzeft ne pouvait ignorer ce fait ; cela ne l'a pas empêché de reprendre sa thèse tout récemment et avec le même succès. Et pourtant les concessions libérales auxquelles Alexandre II avait donné son consentement se réduisaient en somme à fort peu de chose. Il s'agissait tout au plus de la réunion de notables, délégués par les conseils généraux ou *zemstvos* des provinces, ainsi que par les conseils municipaux. Ces notables ne devaient d'ailleurs avoir qu'une voix consultative, par conséquent le principe de l'autocratie restait debout. On n'invitait le gouvernement qu'à être mieux informé à l'avenir quant aux intérêts locaux. On ne lui demandait que les moyens d'établir entre les *zemstvos* une sorte d'entente préalable sur les réformes urgentes, et on réservait au tzar le droit de donner ou de refuser son consentement à ces projets. Toute la politique libérale qu'un général habile et intelligent, Loris-Melikoff, élevé par les circonstances plutôt que par la volonté du tzar à la situation d'un dictateur, avait inauguré, s'écroula en un jour. La Russie revint au système de la centralisation administrative à outrance ; les pouvoirs des préfets furent renforcés, les *zemstvos* et les municipalités mis sous une surveillance tracassière et qui paralysa leur

activité. Les juges de paix, magistrats élus et fort
populaires, cédèrent la place au sein des campagnes, sinon des villes, à des agents administratifs,
mi-policiers et mi-arbitres, connus sous le nom
de *zemski natchalniki*, et l'assemblée communale,
ce *mir* tant de fois séculier, devint, en réalité, le
porte-parole de ces factotums universels. A ceux
qui se déclaraient peu satisfaits d'un pareil régime
on faisait entendre que l'unité et la grandeur de la
Russie n'étaient qu'à ce prix ; qu'elle n'avait d'autre allié que le prince du Monténégro ; que les
ennemis intérieurs, les socialistes, terroristes,
anarchistes et autres, ayant fait alliance avec les
Polonais, les Juifs et les Arméniens, chérissaient le
projet de partager l'empire, et que les libéraux
avec leur tendance au régime constitutionnel,
n'étaient que des dupes. A cette occasion, on
trouva dans la bouche des amis de l'autocratie
la thèse que Rousseau avait formulée au XVIIIe siècle, en déclarant que les grands états devaient
faire le sacrifice de leur liberté ; et le théoricien
de l'autocratie, M. Pobiedonostzeff, emprunta
au docteur Nordau ses véhémentes attaques contre les « mensonges conventionnels », dont les
assemblées représentatives étaient supposées offrir
le spectacle attristant. Il est facile de comprendre
quelle devint la situation de la presse et de l'enseignement supérieur sous le règne d'Alexandre III.
On supprima les journaux les plus répendus, tel la
Voix (« Golos »), et on fit de la sorte la bonne for-

tune de M. Souvorine et de sa feuille nationaliste.
Les revues littéraires et scientifiques ne furent pas
plus ménagées ; les *Annales de là Patrie*, dont
l'immense talent de Saltykoff-Chtchedrine avait
fait tout le succès, disparurent, et le public lettré
fut réduit à se contenter de la lecture de périodiques censurés par le gouvernement d'une façon
tant directe qu'indirecte, et cela à la veille d'être
mis en vente.

La mort d'Alexandre III réveilla de nouvelles
espérances. Elles ne furent pas de longue durée, et
les députations des Conseils Généraux qui avaient
apporté au tzar le pain et le sel traditionnel, avec
des images bénites, rentrèrent au logis entièrement
découragées par la parole impériale qui déclarait
sans fondement et contraires à la saine raison toutes les illusions qu'elles s'étaient faites. Dix ans
d'arbitraire administratif amenèrent la Russie à la
capitulation de Port-Arthur et à la perte de sa flotte.
On chercha les raisons déterminantes d'une pareille
catastrophe, et on n'eut pas de peine à découvrir
que la vénalité bureaucratique y était pour quelque
chose. Le mouvement actuel, ainsi que tous ceux
qui l'ont précédé, est surtout dirigé contre la
bureaucratie qui paraît avoir dit son dernier mot
sous la dictature de M. Plehve. Aussi entend-on
souvent les libéraux russes déclarer que l'auteur
direct du mouvement libéral n'est autre que ce tout-
puissant ministre S'il avait pu continuer l'application de son système, qui d'ailleurs ne se réduisait

qu'à montrer de la poigne, le peuple russe aurait
fini par se soulever. Après la disparition de Plehve,
son successeur, Sviatopolk-Mirsky, se rendit compte
du danger de la situation. Avant d'accepter une
ligne de conduite définie, il voulut savoir à quoi
s'en tenir quant aux vœux des différentes classes
sociales et des différentes localités qu'il était appelé
à gouverner. Les manifestations libérales, ou plutôt
la simple expression par divers groupes de personnes de certaines idées qui leur paraissaient justes
et capables d'assurer la paix intérieure et l'évolution progressive de la société russe, furent tolérées.
Les ingénieurs purent se réunir au nombre de
600 personnes et rédiger une série de résolutions,
quant aux bienfaits de la liberté de conscience et
de la liberté de la parole, parlée et écrite. Les
médecins de Pétersbourg, sans crainte de poursuites immédiates, eurent la possibilité d'émettre des
avis analogues. Mais à peine ces réclamations
acquirent-elles un caractère officiel, à peine les
trouva-t-on émises par des municipalités telles que
Moscou, ou des *Zemstvos*, tel que celui de Tchernigoff, ou encore par le corps des avocats des deux
capitales, que le ministre leur opposa une fin de
non-recevoir ; souvent même des menaces furent
suspendues sur la tête de ceux qui, comme le maire
de Moscou, le prince Golitzin, ou le maréchal de
noblesse le prince Troubetzkoï, ne reculaient point
devant une infraction formelle à la loi pour faire
arriver jusqu'au trône les suppliques de la noblesse

où du tiers-état et leurs bons avis quant aux moyens de prévenir un soulèvement plus ou moins général. Je parlerai bientôt plus en détails des vœux exprimés par les membres des différents *Zemstvos* autorisés en novembre 1904 par le ministre de l'Intérieur à discuter en commun les principaux articles d'un programme libéral. Les lecteurs n'auront pas de peine à voir que ces vœux se réduisent à la reconnaissance de ces libertés nécessaires dont des hommes d'un esprit peu révolutionnaire, tels Guizot ou Thiers, voulurent bien faire bénéficier les citoyens français, il y a de cela plus d'un demi-siècle. C'est qu'en Russie on désigne souvent par le nom de libéral un conservateur du type de lord Salisbury. Quand on voit descendre dans la lice et revendiquer la liberté de grands propriétaires fonciers tels que M. Petrunkevitch, ou des membres d'une noblesse maintes fois séculaire, tels les princes Dolgorouki, Golitzine ou Troubetzkoï, il parait inutile de démontrer qu'on n'est point à la veille d'un mouvement de sansculottes ou de gueux. Ces hommes qui n'ont en eux rien du nivelleur acceptent toutes les supériorités sociales. S'ils consentaient à donner leur appui à un gouvernement libéral, ce ne serait que pour assurer à la Russie le maintien de l'ordre et de la paix publiques, ainsi que l'accomplissement scrupuleux de tous ses engagements vis-à-vis de l'étranger. Il serait fou de croire que le libéralisme russe ferait table rase de l'ordre social établi ou qu'il consentirait à sacrifier le crédit bien acquis dont nous jouissons sur les marchés internationaux, et cela par une politique financière aventureuse. Ceux qui à l'étranger émettent un avis contraire ne savent certainement pas ce qu'ils disent. En somme, il ne s'agit quant au mouvement actuel que de donner au pouvoir des assises populaires, par la création d'une assemblée délibérante, ainsi que de lui attacher les administrés, en leur accordant les garanties nécessaires pour le maintien scrupuleux de la légalité. Car au fond de toutes les réclamations de droits individuels, on ne voit apparaître qu'un seul désir : c'est celui de faire de la loi et de la cour de justice qui en est l'organe, l'arbitre de tous les démêlés entre les citoyens et les agents du pouvoir. Le libéralisme russe, en somme, ne poursuit d'autre but que celui que les Allemands rendent fort bien en parlant du régime légal qu'ils opposent au régime policier. Nous somme las de l'arbitraire administratif et nous tenons à entrer dans la légalité.

CHAPITRE III

LES ETATS GÉNÉRAUX RUSSES PEUVENT-ILS RENAITRE
A L'HEURE ACTUELLE ?

A partir de la fin janvier 1905 il ne fut plus question, dans les journaux plutôt français que russes, que de la convocation à bref délai du *zemski sobor*. On prétendait même savoir la date précise quand l'empereur Nicolas voudra bien rétablir l'ordre, si profondément troublé dans ses états, en octroyant à son peuple cette institution si chère à ses souvenirs. Cela devait avoir lieu le 19 février (style russe), l'anniversaire du jour mémorable de l'émancipation des serfs. Des doutes, il est vrai, étaient émis quant au caractère même de l'assemblée qui devait porter ce nom vénéré. Serait-ce une assemblée de délégués envoyés par les conseils généraux et les conseils municipaux, ou une espèce de représentation directe sinon du peuple, du moins des divers ordres qui le composent ? Le télégraphe apporta un jour la nouvelle d'un échange de vues qui s'était produit à ce propos entre un fils du grand Tolstoï et l'empereur tout-puissant de la

Grande, de la Petite et de la Blanche Russie. Le fils
de Tolstoï que j'ai l'honneur de connaître est un
jeune écrivain qui ne manque ni de verve ni d'entrain. Le droit constitutionnel n'a jamais attiré
particulièrement son attention. Aussi, à en croire
les journaux, a-t-il dans son entretien émis cet
avis que dans la seule Suède l'ordre des paysans
trouve une représentation adéquate. Le tzar l'entend paraît-il de même, car tous deux paraissent
être d'avis que si, en Finlande, l'ordre des paysans a une représentation indépendante de celle
des autres ordres, c'est que la Finlande est encore
régie par la constitution suédoise. Rien de plus
exact d'ailleurs ; seulement il s'agit en Finlande
d'une constitution remontant au xviii siècle et
qui, pour cela même, maintient la distinction des
ordres. Les idées en Suède ont marché depuis, et
c'est de la représentation nationale tout court qu'il
s'agit à l'heure actuelle dans un pays qui a pour
souverain un descendant de Bernadotte et qui continue à professer les grands principes de la Révolution.

Ainsi, que sera le futur *sobor* — personne n'en
savait encore rien au commencement de l'année
1905. On l'ignorait à tel point qu'un des corres-
pondants des journaux français, et non des moins
informés, a pu télégraphier le bruit que le futur
sobor contiendrait ni plus ni moins que 15 membres. On n'en a jamais vu de pareil dans aucun
pays, pas même en Moscovie, où les *sobors* comp-

taient dans leur sein des centaines de délégués. Pour un retour aux traditions historiques, cette réunion des 15 représentants de l'empire n'en aurait guère été une.

Après avoir lu pendant plusieurs semaines ce que les plumitifs du monde entier avaient écrit sur les futurs *sobors*, je n'étais pas plus avancé qu'il y a 25 ans, alors que, dans des réunions de Slavophiles moscovites, j'entendais longuement discuter la question si le *sobor* n'était pas le seul moyen de faire tomber la muraille qui sépare le monarque de son peuple et de rendre tout le monde heureux et content. Ceux qui, à cette époque, voulaient bien me mettre au courant de leurs espérances, me parlaient des grands avantages que le *sobor* avait sur le système représentatif et parlementaire de l'Europe occidentale. La lutte des ordres et des classes lui était restée, disait-on, tout aussi étrangère que celle entre le pouvoir et le peuple. Une bonne entente a constamment règné entre le tzar et les délégués des ordres ; jamais aucune cabale ne s'était élevée dans le but de restreindre les pouvoirs de l'autocratie ou pour diminuer les prérogatives des mandataires populaires, car de tous les peuples, disait-on, les Russes avaient seuls résolu le grand problème qui est de reconnaître à chacun ce qui lui est dû : au tzar — la liberté d'action, aux ordres sociaux — la liberté de pensée et celle de la parole. Les *sobors*, à en croire nos slavophiles, ont également ignoré cette sujétion néfaste de la minorité à la majorité, qui forme le fond du régime parlementaire actuel. On reconnaissait à chacun le droit d'émettre un vote. Le tzar était libre d'accepter l'avis qui répondait le mieux, dans son esprit, aux nécessités de l'heure présente et au bonheur du peuple. Aussi, quel spectacle réjouissant que celui de cet accord parfait qui poussait les représentants des divers ordres à porter d'une commune voix aux marches du trône l'expression de leur patriotique désir de sacrifier vie et fortune au plus grand honneur du tzar et au triomphe de la foi orthodoxe ! Quelle différence à cet égard entre les réunions si pacifiques des divers ordres de la sainte Russie et les scènes tumultueuses qui se sont déroulées plus d'une fois dans l'enceinte du parlement anglais, sans parler du scandale quotidien que présente la lutte des partis et des nationalités aux séances des Chambres en France, en Italie ou en Autriche. Aussi faut-il avoir perdu tout contact avec le peuple et son passé, pour préconiser les avantages que la Russie pourrait tirer en modelant ses institutions sur l'exemple de l'Europe. Les libéraux sont des niais, et pis encore : des déracinés ; ils perdront la patrie russe avec leurs utopies constitutionnelles et parlementaires.

Tel fut à peu près le langage qu'il y a 25 ans il me fut donné d'entendre plus d'une fois dans les salons de la haute aristocratie moscovite ; tel était aussi en janvier 1905 le fond de ces causeries qui se prolongeaient bien avant dans la nuit, au sein des familles nobles. Fidèles aux anciennes traditions, leurs membres exprimèrent encore naguère à une réunion de la noblesse moscovite des vœux pour le maintien de l'autocratie et la chute du régime bureaucratique, « ce mur qui empêche toute entente entre le tzar et son peuple ». Un lecteur français n'aura pas de peine à saisir ce qu'il y a de naïvement utopique dans l'idée de placer un autocrate en face d'une assemblée de représentants. De deux choses l'une : ou le prince ne réglera sa conduite que sur l'avis des délégués nationaux — et, dans ce cas, il ne restera plus autocrate, ou bien les délégués nationaux émettront des vœux dont le prince ne tiendra aucun compte, — et dans ce cas leur réunion n'aura d'autre portée que celle qu'on doit reconnaître à un cercle ou à une *debating society*, d'origine anglaise. D'ailleurs ce n'est pas la première fois qu'on se propose d'établir une limite entre la liberté d'action, qui ne doit appartenir qu'au pouvoir, et la liberté de pensée et de parole assurée aux représentants du peuple. L'histoire des États Généraux, ainsi que du parlement anglais à l'époque des Tudors, ne laisse planer aucun doute quant à ce fait qu'une fois libre de ses actes, le roi fait des ordonnances sans se préoccuper autrement des vœux de ses sujets. Sa liberté d'action conduit de la sorte nécessairement à la suppression de toute liberté de pensée, de parole et de presse. C'est ainsi, que la question a été jugée par l'histoire, mais on a beau évoquer ces souve-

nirs devant un vieux-slave patriotard et souvent
patriote : ce qui s'est passé en Occident ne compte
point à ses yeux : le catholicisme et les sectes qui
en sont sorties n'ont-ils pas donné, prétend-il, une
empreinte particulière à l'esprit latin et germanique, et l'orthodoxie n'a-t-elle pas au contraire
façonné les russes de manière à les rendre seuls à
même de « chanter en chœur » ? C'est là ce qu'un
de mes meilleurs amis de Moscou et un des chefs
du mouvement slavophile entendait par le nom de
« khorovoïé natchalo », terme qu'il me serait difficile de traduire littéralement, mais dont le sens
est qu'en Russie, ainsi que dans tout le monde
slave, personne n'élève la voix de façon à empêcher
une harmonie complète entre toutes celles qui se
font entendre. Mais je n'ose pas insister plus longtemps sur ce sujet. Ce qui, aux yeux d'un moscovite
imbu d'un vague et mystique humanitarisme, passe
pour être clair et probant, pourrait bien produire
un tout autre effet sur l'esprit positif et quelque peu
sceptique d'un occidental. Demandons-nous plutôt
si, pour résoudre la question de ce que pourraient
être les futurs *sobors*, on ne ferait pas mieux de consulter leur passé. Après tout, s'il s'agit de faire
revivre une ancienne institution, il faut bien que
son esprit, sinon sa forme, soit sauvegardée dans
l'avenir. Mais ici une autre difficulté se dresse
devant nous. L'histoire des *sobors* nous met en présence d'institutions qui, portant le même nom, ont
eu à diverses époques un caractère fort différent.

Les *sobors* n'ont point été à l'origine une réunion
de délégués envoyés par les divers ordres de l'état
russe. Jean le Terrible, qui fut le premier à les
convoquer, se contenta de réunir un certain nombre d'élus, choisis dans deux classes : celle des gens
de guerre connus sous le nom d' « hommes de
service » et qui, correspondent aux membres des
milices féodales, et celle des agents financiers du
gouvernement, de ces négociants moscovites qui,
plus d'une fois, s'étaient chargés du prélèvement
des impôts indirects et de la mise en valeur des
monopoles de l'Etat. Le *sobor* de 1576 qui est
le premier dont la composition nous soit connue
dans les détails, n'a été, en somme, que cela,
ainsi que l'établissent les recherches minutieu-
ses faites par le professeur Klutchevsky. D'autres réunions, composées de la plèbe moscovite et
des boïars, ainsi que des membres du haut clergé,
portèrent également le nom de *sobors*, et, à ce titre,
furent convoquées pour élire le tzar même de la
Moscovie. Ceci eut lieu à l'avènement du boïar
Boris Godounoff, ainsi qu'à celui du faux Demetrius, le prétendu fils de Jean le Terrible.

Ce n'est proprement qu'en 1612 que commence
l'histoire des assemblées représentatives russes.
La Russie traversait à ce moment une période de
troubles et était exposée à des dangers autrement
graves que ceux qui la menacent aujourd'hui.
L'ennemi était aux portes de Moscou : le roi polonais, Kasimir, avait réussi à faire nommer son fils

Vladislas, tzar de la Moscovie. Les Suédois, avec Delagardi, étaient devenus maîtres d'une grande partie des terres ayant jadis fait partie de la république de Novgorod, réunie depuis Jean III, à la Moscovie. Les cosaques, tout en ravageant les environs de la capitale, voulaient imposer au pays leur propre prétendant, espèce de brigand que quelques historiens font passer pour un juif. Après le meurtre de ce dernier, on crut pouvoir le remplacer par le prétendu fils du faux Demetrius et de sa veuve Marine Mnischek. Des princes, dont les origines remontaient à Guedemin, le fameux monarque lithuanien, prenaient parti pour les cosaques : un Troubetzkoï, ancêtre de la famille dont on a tant parlé récemment, faisait cause commune avec ces rebelles. C'est dans ces conditions qu'un mouvement patriotique se dessina dans une province éloignée, celle de Nijni-Novgorod. Un appel fut fait aux milices urbaines de toutes les cités non encore occupées par l'ennemi. Un homme de guerre, secondé par un simple marchand, sut réunir sous ses drapeaux « toute la terre russe » pour le plus grand bien de l'orthodoxie et de l'état moscovite. C'est à cet homme de guerre et à ce marchand qu'on doit faire remonter la réunion du grand *sobor* de 1613, auquel les villes envoyèrent leurs délégués aussi bien que les campagnes, les « centaines noires » — nom qu'elles portent dans les documents du temps. C'est à cette réunion d'hommes partis des confins les plus éloignés de la terre

russe que revient l'honneur d'avoir recueilli les
fonds nécessaires pour la défense du pays. Pendant trois années ce *sobor* ne recula pas devant
des mesures qui auraient fait l'impopularité de
n'importe quel gouvernement. Il préleva jusqu'au
cinquième non du revenu global, mais du capital
des imposés. C'est à l'aide de ces subsides extraordinaires qu'il réussit à chasser les Polonais et les
Suédois, à pacifier les cosaques, à déterminer un
retour au régime social antérieurement établi, le
régime dont le servage formait la base et les bénéfices militaires, le sommet. C'est encore à cette
même assemblée que revient l'honneur d'avoir éliminé tous les prétendants étrangers au trône russe
et d'y avoir fait monter un jeune boïar, n'appartenant point à une famille princière, mais qui se
rattachait par alliance à la dynastie éteinte des Rurik.
Ce jeune homme, Michel Romanoff, dont le père, un
évêque, se morfondait dans un cachot polonais en
qualité d'otage, n'était certes pas à même de tenir
à lui tout seul les rênes du pouvoir. Le *sobor* s'en
chargea et assura de la sorte pour plusieurs années
la participation des délégués des ordres à la marche des affaires publiques et le retour périodique
de leurs assemblées.

Les sobors devinrent moins fréquents dans la
seconde moitié du règne de Michel, surtout à partir du jour où son père, à son retour de Pologne,
fut élevé au rang de patriarche, ou chef de l'église
russe, et partagea le pouvoir avec son fils. Mais

on vit ces assemblées reprendre toute leur vigueur
dans les dernières années du règne, alors que la
prise d'Asov aux Tartares et aux Turcs par les
cosaques du Don et leur offre de livrer la forteresse au tzar, mit à l'ordre du jour une question
grosse de conséquences : il s'agissait de savoir si
l'état moscovite, à peine remis sur pieds, allait
s'engager dans une longue lutte avec le monde
mahométan. Bien plus avisés et prudents que ne le
furent les conseillers intimes de l'empereur actuel,
les membres du *sobor* de 1642 se prononcèrent en
faveur de la paix avec le Turc. Sans insister sur
leur droit de forcer la main au gouvernement, ils
parlèrent des « mangeries » et des extorsions par
lesquelles les autorités administratives avaient
réduit le bas peuple, ainsi que la bourgeoisie, à
l'indigence et de l'impossibilité où ils se trouvaient
de mettre au service du trône et de la foi orthodoxe autre chose que leurs vies. Le tzar saisit la
portée de ces paroles et s'empressa de conclure la
paix.

Les membres du *sobor* tinrent un langage moins
pacifique dix ans plus tard, alors que l'état russe,
heureusement sorti de ses guerres intestines et de sa
lutte contre les voisins, agita la question de l'extension de ses limites vers le sud et de l'annexion
de la Petite-Russie. Cette dernière venait d'être
libérée du joug de la Pologne et du clergé catholique
par le hetman des cosaques, Bogdan Khmelnitzky.
Longtemps indécis sur la question de savoir s'il ne

remettrait pas le pays entre les mains du khan de
la Crimée ou du sultan turc, Khmelnitzki se
décida enfin pour une union avec la Moscovie. Il
voulut bien placer le pays sous la haute direction
du tzar Alexis, mais en sauvegardant à sa patrie son
antonomie et son droit coutumier. Or, la réunion de
la Petite Russie avec la Grande ne pouvait se faire
qu'à condition d'une nouvelle guerre avec la Pologne. Le tzar convoqua de nouveau le *sobor*, et ce
dernier, entièrement conscient des suites que pouvait avoir sa décision, se prononça en faveur de
l'union des deux pays. Ainsi, dans le domaine de
la politique extérieure, les *sobors* surent, à deux
reprises différentes, donner une direction sage et
utile au pouvoir moscovite. Leurs vœux et leurs
doléances ne furent pas d'une moindre portée pour
la réforme de certains abus et le développement du
droit tant public que privé. Sous Alexis, les pétitions, ou « tchelobytnya », adressées par les
ordres, déterminèrent le gouvernement à introduire dans le nouveau code des lois plus d'une
mesure utile et nécessaire. Sous le fils d'Alexis,
Théodore, le *sobor* collabora avec le Conseil des
boïars à la suppression de cet ensemble de coutumes bizarres et surannées qu'on désignait par le
nom de « miestnitchestvo ». Pour en donner une
idée plus ou moins approximative je me contenterai
de dire que des personnes appartenant aux familles
aristocratiques russes émettaient la prétention d'occuper telle ou telle charge de l'état non en raison

des services rendus, mais en raison des charges
qu'avaient occupées leurs pères. Cette façon bizarre
de concevoir leurs obligations vis-à-vis du tzar et
du pays, avait pour suite que le commandement,
tant militaire que civil, revenait rarement à ceux
qui en étaient les plus dignes. On finit par comprendre le danger auquel un pareil système donnait
prise en cas de guerre ; le tzar demanda à une réunion de délégués choisis par les « hommes de service » de vouloir bien se prononcer en faveur de
l'abolition du miestnitchestvo ». Le *sobor* donna
son consentement et les livres héraldiques furent
brûlés en conséquence.

L'assemblée qui se prononça de la sorte était
loin d'être une représentation adéquate de tous
les ordres du pays : on n'y vit point apparaître ni
le tiers-état d'autres villes que Moscou, ni les
délégués paysans. Les *sobors* étaient redevenus ce
qu'ils furent jadis : une réunion des agents militaires et des agents financiers du pouvoir moscovite. Le tzar finit par ne convoquer en même
temps que les députés d'un seul ordre. On consulta les « hommes de service » sur la réforme de
l'armée, et on demanda aux élus des négociants
et des marchands s'il convenait d'accorder aux
Anglais ou aux Arméniens le droit de trafiquer
librement avec les Perses dans les limites de l'état
russe. Leur réponse fut négative, car le mercanti-
lisme trouvait de fervents adeptes dans les rangs
de notre bourgeoisie bien avant l'époque où un

écrivain d'origine paysanne, Possoshkoff, essaya sous Pierre le Grand, d'exposer d'une façon systèmatique ses préceptes économiques inspirés par la crainte de toute concurrence étrangère et par ce préjugé bien connu que plus un pays peut écouler de marchandises à l'étranger, plus il est riche. Les *sobors* qui furent réunis à deux reprises différentes sous la minorité de Pierre Ier ne correspondent nullement à l'idée d'une assemblée représentative de tous les ordres et de toutes les provinces et villes de l'état. On y vit apparaître des habitants et des « hommes de service » de Moscou, ainsi qu'une délégation des fameux « Strieltzi », corps d'armée soutenant les prétentions de la princesse Sophie qui voulait exercer le pouvoir au nom de ses deux frères dont l'un était mineur et l'autre idiot. La dernière réunion du *sobor* eut lieu en 1698. Le témoignage isolé d'un étranger, Korb, nous fait connaître que ce *sobor* eut à se prononcer contre la régente. On l'enferma dans un couvent, et Pierre Ier, désormais débarassé de tout contrôle, put entrer de plein pied dans la voie de vastes réformes. Elles permirent à la Russie de sortir vainqueur d'un conflit avec le premier capitaine du temps, le roi de Suède, Charles XII, et de se créer un passage vers la mer Baltique ; l'empire entra dans le concert européen et devint, d'un état mi-asiatique, une des premières puissances militaires du monde. La Russie s'européisa au moment même où la « monarchie gothique » en Occident venait d'être remplacée par une autocratie rappelant de près le despotisme oriental. Pierre le Grand suivit l'exemple de Richelieu, en donnant pour base à son empire la bureaucratie et une centralisation administrative poussée à l'excès. Nous continuons encore à lutter de nos jours contre les suites fâcheuses qu'un pareil régime eut pour le développement des forces tant éc onomiques qu'intellectuelles du pays.

Mais ce n'est pas en rappelant à la vie les anciens *sobors* qui, même à leur moment de grandeur, ne furent que la représentation inadéquate des divers ordres, qu'on arrivera à mettre un terme à ce despotisme des bureaux et des ministres qui, à l'heure actuelle, est le grand mal dont souffre la Russie, pareille en cela à la France à la veille de la Révolution. Aussi m'est-il difficile d'admettre qu'une nouvelle réunion du *sobor* serait à même de jouer dans nos destinées un autre rôle que celui qui revint en France aux Etats généraux de 1789. La question brûlante de la double représentation du tiers réapparaîtrait dans ce cas sans aucun doute dans notre milieu aussitôt que l'opinion publique se serait rendu compte du fait qu'une réunion des ordres au sein d'une société aussi profondément démocratique que l'est devenue la société russe, est un anachronisme et une injustice révoltante. Depuis plus d'un demi-siècle, notre évolution s'est accomplie sous l'influence de deux facteurs : la chute du régime seigneurial a puissamment contribué au nivellement des fortunes, et la tyrannie bureaucratique, égalementment néfaste à tous les ordres, les a rapprochés l'un de l'autre dans le même sentiment de justice sociale et de légalité. Tout pouvoir est forcément amené à régler sa conduite d'après les tendances qui prédominent au sein de la société qu'il dirige. L'esprit égalitaire de la société russe lui indique la voie qu'il doit suivre dans la convocation prochaine des représentants du pays. Déjà la demande du suffrage universel se fait entendre de tous côtés. Pour ma part, je ne puis l'accepter qu'à une condition : celle de reconnaître le droit de vote à ceux-là seuls qui ont reçu une instruction primaire. On courrait autrement le risque de voir nommer par les inalphabets les mêmes bureaucrates dont on tient à renverser le despotisme. Toute idée de limiter le droit de vote à tel ou tel ordre défini me paraît, par conséquent, illusoire. La future assemblée représentative russe devra être nationale, ou devenir un jouet dans les mains du gouvernement. Elle émettra des vœux exprimant les besoins du peuple et auxquels le pouvoir devra conformer sa conduite, sinon, l'opinion publique saura bien la classer au nombre de ces artifices maladroits par lesquels le gouvernement tient à masquer ses propres actes en en rejetant la responsabilité sur un corps qui n'a de populaire que le nom. Je ne vois point d'autre alternative que celle d'entrer franchement et de plein pied dans la phase représentative et constitutionnelle de notre évolution politique, ou de patauger, comme par le passé, dans les limites d'un état policier qui confond avec l'idée d'ordre l'arbitraire administratif et l'autocratie des bureaux.

CHAPITRE IV

Depuis plusieurs années il existe, à l'insu du gouvernement, une réunion périodique des présidents des *Zemstvos*, tant provinciaux que d'arrondissement, c'est-à-dire de personnes élues par ces Conseils représentatifs locaux et placées à la tête de Commissions gérant leurs affaires administratives.

Une réunion devait avoir lieu en automne 1904. Le ministre de l'Intérieur, le prince Sviatopolk-Mirsky, jadis maréchal de noblesse de la province de Kharkov, en fut informé. Il invita ceux qui devaient s'y rendre à le faire ouvertement, et plutôt à Pétersbourg qu'à Moscou, où il se sentait moins à même de les protéger, car Moscou était encore à ce moment le pachalik du grand-duc Serge, oncle du Tzar, qui paraissait apprécier faiblement les avantages des sociétés délibérantes. En autorisant les présidents des Commissions exécutives à se réunir à Pétersbourg, le ministre de l'Intérieur était loin de penser que cette réunion s'occuperait de questions autres que d'intérêt local.

Le Tzar, prévenu par son ministre, ne voyait point d'inconvénient à être mis au courant des résolutions prises par cette assemblée. Mais l'attitude du gouvernement changea du jour au lendemain aussitôt qu'on eût connaissance qu'en dehors des 30 ou 40 personnes qui, habituellement, se donnaient rendez-vous à ces réunions, il en viendrait plus de cent, dont une bonne partie ne seraient que de simples membres de Conseils généraux. Le bruit courut que les personnes ainsi réunies entendaient s'occuper de la réforme générale de l'empire et soulèveraient des questions constitutionnelles. Les organisateurs de cette réunion ne voulurent point laisser ignorer au ministre le vrai caractère des résolutions qu'ils comptaient prendre et le supplièrent de les porter à la connaissance du Tzar. Informé à temps par son ministre, Nicolas II se prononça contre l'admission du public à leurs débats. En se conformant à cet ordre, les membres des *Zemstvos* prirent la décision de changer souvent de local. Tout se passa comme il était convenu ; les personnes qui eurent l'occasion de frayer avec les leaders du mouvement, furent vivement impressionnées par le calme et la bonne entente qui règnèrent aux séances. Des lettres venues de Russie m'ont rapporté ce fait que rarement on vit dans une assemblée délibérante slave (pensez seulement à ce qui arrive en Autriche), des débats empreints d'une plus grande cordialité et d'un plus grand respect pour les opinions d'autrui. Des hommes d'une science juridique sûre, des économistes, des historiens, des avocats en renom, étaient venus mêler leurs voix, en tant que membres des *Zemstvos*, à de grands propriétaires fonciers et à des représentants de familles de souche très ancienne, tels les Dolgorouki. Il y eut un moment où, très impressionnés par le chaleureux discours d'un éminent orateur du *Zemstvo* de Tver, M. Roditcheff, l'assemblée se pénétra de l'importance du rôle qu'elle allait jouer. Toutes les discussions cessèrent comme par enchantement, et on rédigea, d'un commun accord, un projet de résolution dont les journaux français n'ont donné que des fragments. Je me propose de le traduire dans son intégrité. Le texte n'exige que peu de commentaires, et, en le parcourant, le lecteur français n'aura pas de peine à constater qu'il s'agit tout bonnement de forcer le pouvoir à reconnaître aux personnes qui lui sont sujettes les libertés nécessaires, que possèdent tous les peuples civilisés et qui, hélas ! font encore défaut à mon pays.

L'assemblée privée des membres des *zemstvos*, dans ses réunions des 6, 7 et 8 novembre, après avoir envisagé les conditions auxquelles peuvent être assuré l'ordre et le progrès en Russie, est arrivée aux conclusions suivantes :

1° Le caractère anormal du régime politique russe, caractère qui s'est surtout manifesté depuis 1880, tient à ce que le Gouvernement est entièrement séparé du peuple, et qu'il n'existe entre les deux aucune confiance ;

2° Toute relation intime entre le Gouvernement et le peuple est rendue impossible par le fait que le pouvoir craint d'accorder aux divers corps de la nation le droit de gérer leurs propres intérêts. Ceux qui nous dirigent tiennent constamment le peuple à l'écart de toute participation à la politique intérieure. Aussi le Gouvernement a-t-il maintenu et développé le système de la centralisation administrative et a-t-il mis en tutelle tous les corps sociaux constitués. On n'admettait d'autre rapport entre les gouvernants et les organes du self-government local que ceux qui consistent à imposer à ces derniers les vues du Gouvernement ;

3° Le régime bureaucratique, en tenant les sujets russes éloignés du tzar, donne une libre carrière à l'arbitraire administratif et au bon plaisir des fonctionnaires. Un tel ordre de choses prive la société de toute garantie quant au maintien des droits individuels, et diminue la confiance que lui inspire le pouvoir ;

4° La marche régulière et le développement de la vie sociale et politique en Russie ne sont possibles qu'à la condition d'un concours d'efforts tant de la part du gouvernement, que du peuple ;

5° Pour éliminer tout arbitraire administratif, il est urgent de proclamer et d'assurer le principe de l'inviolabilité de l'individu et de son foyer. Nul ne doit sans autorisation préalable de la part d'un pouvoir judiciaire indépendant, être soumis au châtiment, ni limité dans ses droits. A cette même fin, il est désirable d'établir un système de poursuites civiles et criminelles contre les fonctionnaires coupables d'infractions à la loi ; ce système pourra seul introduire la légalité dans l'exercice du pouvoir ;

6° Afin d'assurer un libre développement aux forces intellectuelles du peuple, ainsi que dans le but d'assurer à l'opinion publique la possibilité d'une libre manifestation, il est urgent d'établir en Russie la liberté de conscience et la liberté confessionnelle, la liberté de parole et de presse, ainsi que la liberté de réunion et d'association ;

7° Les droits individuels, tant civils que politiques, accordés aux citoyens de l'empire russe doivent être les mêmes pour tous ;

8° Le *self-government* est une condition essentielle de toute évolution normale de la vie politique et économique du pays. La majeure partie de la population russe étant composée de paysans, il est nécessaire de placer avant tout les habitants des campagnes dans des conditions favorables au développement de leur initiative et de leur autonomie. Or, ceci ne peut être atteint qu'à condition de changer du tout au tout la situation légale des paysans, qui sont loin de jouir encore de la totalité des droits dont jouit le reste des sujets russes. Dans ce but, il faut : *a)* reconnaître aux paysans les mêmes libertés individuelles qu'aux membres des autres ordres ;

b) libérer de toute tutelle administrative les diverses manifestations de leur activité, tant individuelle que sociale, et *c)* assurer à l'ordre des paysans une organisation judiciaire équitable ;

9° Les conseils généraux et ceux d'arrondissement, ainsi que les conseils municipaux, en tant que foyers de la vie locale, doivent être placés dans des conditions qui leur permettent d'accomplir les devoirs qui incombent à des organes du *self-government*. Pour cela : *a)* la représentation locale ne doit point être basée sur la distinction des ordres, et toutes les forces du pays doivent être également appelées à prendre part au *self-government*, tant dans les villes, que dans les campagnes ; *b)* il est également désirable qu'une unité administrative locale, inférieure à celle de l'arrondissement, soit créée, et le *self-government* assuré de la sorte aux habitants des campagnes, *c)* les fonctions des *zemstvos* et des municipalités doivent être étendues de façon à comprendre tous les intérêts locaux, *d)* les zemtvos doivent posséder l'indépendance nécessaire pour l'accomplissement normal de leur tâche ; c'est sur cette indépendance que doit être basée la collaboration des pouvoirs locaux. Le *self-government* local doit être étendu à toutes les parties de l'empire.

Je m'arrête là, avant d'aborder le sujet de l'organisation centrale, qui donna lieu à une divergence de vues entre les membres de la réunion et détermina l'inclusion dans leur projet de deux

vœux contradictoires : celui de la majorité et celui
de la minorité. Je m'arrête, afin de constater que
les demandes que nous venons de passer en revue
se réduisent en somme à deux principales : on
réclame la même liberté pour tous les citoyens
russes, sans distinction d'ordres, et on exige l'établissement d'un *self-government* local plus ou moins
indépendant de toute pression administrative. Ce
self-government embrasse le canton, l'arrondissement et le département ou province. Quant aux
cités, elles doivent posséder des conseils municipaux et des maires élus, et cela dans toutes les
parties de l'empire. — Le sujet même de ces
demandes fait ressortir le caractère médiéval de
nos institutions. Quand on entend parler de la
nécessité d'accorder les mêmes droits aux paysans
que ceux dont jouissent les autres habitants de la
Russie, quand on apprend que le fait seul d'être
sujet de l'empire ne suffit pas pour leur assurer
la possession de droits identiques à ceux des autres
citoyens, on se sent placé devant des réclamations
pareilles à celles qu'élevaient en France les hommes de 1789 au sujet des privilèges et des monopoles dont jouissaient à cette époque les ordres diri-
geants. Pour donner une idée de l'inégalité qui
existe encore de nos jours en Russie tant entre les
ordres, qu'entre les diverses nationalités de l'empire, je me contenterai de citer les deux faits
suivants. Les paysans sont soumis à d'autres tribunaux que le reste de la population ; ces tribu-

naux appliquent, non les lois générales de l'empire,
mais des coutumes non codifiées et par conséquent on ne peut plus flottantes. D'autre part, les
Israélites ne sont admis dans les écoles du haut
enseignement qu'au nombre de 4 0/0 de tous les
étudiants fréquentant les cours. Ce qu'on demande,
par conséquent, c'est de reconnaître un principe
établi en Angleterre depuis la Grande Charte de
1215 : la loi doit être égale pour tous et tout sujet
remplissant ses devoirs vis-à-vis de l'Etat, payant
les impôts et servant dans les armées, doit être
admis à la jouissance de tous les avantages que
présente son titre de citoyen et de sujet de l'empire.

Pour faire comprendre aux lecteurs français ce
que désirent les membres des *zemstvos* et des municipalités, en réclamant l'extension du système du
self-government local, il importe de leur faire saisir
la distinction qui existe encore dans mon pays entre
les provinces dotées d'institutions représentatives
locales et d'autres, où ces institutions restent incon-
nues. Nous avons, à l'heure qu'il est, des provinces
privilégiées, des pays d'Etat, et d'autres, non privilégiées, qui correspondraient à la rigueur à ces pays
d'élection qui, à la veille du grand ébranlement
de 1789, formaient en France la majorité. Ces différences ont pour origine de tout-autres causes d'ailleurs que celles qui les avaient fait naître en
France : il ne s'est point agi de reconnaître aux pays
qu'on annexait leurs droits historiques et les institutions représentatives qu'ils possédaient avant leur

réunion. La distinction s'est établie grâce à la défiance que le gouvernement russe témoignait à certaines régions de l'empire, notamment aux provinces occidentales ayant fait partie de la Pologne et de la Lithuanie. Le soulèvement de 1863 faisait craindre la possibilité de nouvelles démonstrations nationales de la part de leurs représentants locaux ; on préféra, par conséquent, ne point en avoir, et on alla jusqu'à nommer d'office dans ces provinces les maréchaux de noblesse et les juges de paix, ailleurs électifs. Les membres des *zemstvos* réunis à Pétersbourg se sont rendu compte de l'injustice et de l'inopportunité de pareilles exceptions, et leur demande équivaut à la reconnaissance aux peuples des pays annexés des mêmes droits que ceux que possèdent les nationaux.

Ceci dit, passons à l'examen de l'article 10, dont la discussion produisit au sein de l'assemblée une scission. Les causes qui auraient dû la déterminer sont curieuses à étudier : on est porté à se demander si elles ne proviennent pas de la lutte de deux principes : du principe centraliste et du principe fédératif. Afin de ne donner lieu à aucun doute, empressons-nous de reconnaître que ces deux principes ne possèdent point en Russie la rigueur qu'ils présentent dans des pays tels que les Etats-Unis, l'Allemagne ou l'Autriche. Je ne sache pas qu'à l'exception d'une minorité de nationalistes polonais ou petits-russiens, il existât en Russie un mouvement sérieux en faveur du rétablissement d'une espèce d'autonomie régionale. Tout ce que les journaux réactionnaires nous disent du danger que court la Russie de se dissoudre en un grand nombre d'unités indépendantes et prêtes à entrer en lutte aussitôt que l'autocratie ne sera plus là pour maintenir par la force leur cohésion, est de pure invention. Une infime minorité aspire au rétablissement d'une Géorgie ou d'une Arménie indépendantes ; le dernier fait est même douteux, car il s'agirait dans ce cas de remonter à l'époque des croisades et même au-delà. Les tendances fédéralistes ont en Russie pour base la constatation de ce fait que certaines régions ont des intérêts économiques qui leur sont particuliers, que les mesures édictées en haut lieu pour tout l'empire ne tiennent souvent point compte de ces intérêts et que, par conséquent, il serait désirable d'avoir au sein d'une assemblée nationale des délégués représentant ces besoins méconnus. D'ailleurs, les conseils généraux et les conseils municipaux étant des institutions établies, le moyen le plus direct et le plus rapide de former une assemblée constituante n'est-il pas d'appeler leurs délégués à se réunir en une seule assemblée, dont le siège serait Pétersbourg ou Moscou, quitte à donner la même représentation à d'autres corps constitués, tels que les Universités, les écoles polytechniques et l'Académie de médecine, — nom sous lequel on est loin d'entendre une société savante, mais une faculté dont le siège est à Pétersbourg. Je m'attendais donc à trouver dans l'énoncé des vœux diver-

geants de la majorité et de la minorité l'expression
de ces deux tendances : l'une qui consiste à conserver à l'assemblée nationale le caractère d'une représentation de divers centres locaux, l'autre qui prétend en faire une Chambre élue directement par le
suffrage plus ou moins universel de tous les habitants de l'Empire.

Quelle fut ma déception quand, à la lecture de
l'article 10, je ne trouvai entre la majorité et la
minorité d'autre désaccord que celui qui concerne
les fonctions de l'assemblée : les uns tenaient à lui
reconnaître le pouvoir législatif, le vote du budget
et le contrôle de la légalité des actes de l'administration ; les autres — la minorité — ne parlaient
que de la participation des représentants du peuple
à la législation. Tous se prononçaient d'ailleurs en
faveur de la création d'une assemblée élective, sans
préciser autrement les moyens par lesquels on arriverait à la représentation du peuple et des intérêts,
souvent divergeants, des diverses provinces et
régions de l'empire. Une lettre que m'adressa un
des membres de la réunion, m'apprit qu'au fond il
ne se produisit d'autres divergences de vues que sur
la question de savoir si le caractère d'assemblée
privée que portait la réunion l'autorisait à se prononcer sur une question qui, en somme, gagnerait
à être traitée par une assemblée constituante, convoquée avec toutes les garanties nécessaires à une
représentation adéquate des diverses parties de
l'empire. On compta à peine deux voix contraires

à la rédaction de tout article visant la représentation générale du pays. Le reste des membres de la
minorité, qui n'attint en tout que le nombre de
27 voix, alors que la majorité n'en complait pas
moins de 78, ne voulait point se charger d'établir
les limites du pouvoir accordé à l'assemblée représentative. Ce qui ressort, en définitive, du texte de
l'article 10, c'est que, contrairement à mon attente,
les tendances fédéralistes ne trouvèrent point
d'expression dans les débats du 6, 7 et 8 novembre.
Par conséquent, toutes les craintes exprimées par
nos réactionnaires, quant aux forces dissolvantes
que présente toute attaque au principe de l'autocratie, sont, en ce qui concerne les membres des
Zemsvos réunis à Pétersbourg, purement chiméri-
ques. Disons encore un mot des deux voix qui se
sont prononcées contre le texte adopté par la
majorité et qui, par leur exemple, ont entraîné les
25 autres. Elles représentent une tendance particulière et qui peut-être est suffisamment répandue
dans l'ensemble du pays. Je pourrai même citer le
nom de celui des membres de la minorité dont
l'opinion a prévalu sur celle de ses collègues ; mais
ce nom ne dirait rien au public français, tandis qu'il
est très respecté au sein des conseils généraux de
l'empire (1). Il s'agit d'un homme qui, depuis un
grand nombre d'années, s'est entièrement dévoué
aux intérêts du *self-government* local et a su, même

(1) J'entends parler de M. Chipoff.

sous M. Plehwe, défendre l'autonomie relative des conseils généraux, ce qui lui valut une mise en disponibilité, bien méritée aux yeux d'un dictateur qui n'admettait aucune opposition. Et bien, cet homme est profondément persuadé que le régime qui convient à la Russie n'est point le régime parlementaire, mais une entente cordiale entre le tzar autocrate et les représentants du pays appelés à ses conseils. Les discussions sur la nécessité de reconnaître aux membres de la future assemblée, tantôt un droit de vote décisif, tantôt un droit de vote consultatif, ont pris, dans ces derniers temps, aux yeux des patriotes russes, une importance vraiment exagérée. Ils ont l'air d'ignorer l'existence, même en Angleterre, de cette formule qui déclare que les membres du Parlement ne sont appelés qu'à *consulter* sur les affaires de législation et à consentir l'impôt (1). Ceci, bien entendu, ne les empêche pas de mener les affaires du pays, mais à une condition ; celle de représenter l'opinion de sa majorité. Aussi, toutes les fois que le gouvernement doute de l'existence d'un accord entre cette opinion et le parti qui domine au sein du Parlement, recourt-il à la dissolution de ce dernier et prescrit-il de nouvelles élections. Les Russes, qui ne connaissent le régime représentatif que par ouï-dire, attribuent à la différence des termes parlementaires une importance que ces derniers sont loin de posséder.

(1) La formule est : *ad consultandum et consentiednum*.

Ceux qui se prononcent en faveur d'un vote purement consultatif à accorder aux représentants du pays, croient maintenir par là la tradition historique russe. Ils voudraient rattacher le mouvement actuel à ces États généraux, ces *zemskii sobori*, que nous voyons réunis pour la dernière fois sous la régence de la tzarine Sophie, sœur de Pierre le Grand. Composés tantôt d'hommes de service (1) et d'agents financiers du Gouvernement, tantôt — et cela à partir de l'époque des troubles et de l'intronisation des Romanoff — de représentants de divers ordres sociaux, sans en excepter les paysans, ces assemblées furent, ainsi que nous l'avons vu, consultées plus d'une fois par les tzars, et cela sur des questions de première importance, telles l'annexion de la Petite-Russie et de la forteresse d'Azov enlevée aux Tartares par les Cosaques du Don. Leurs cahiers de doléances déterminèrent plus d'une réforme dans l'ensemble de notre législation; ainsi leur influence est facile à reconnaître dans le code du tzar Alexis, rédigé en 1648.

Les slavophiles, autrement dit le parti des Vieux Russes, ont toujours exprimé le désir de voir renaître ces anciennes assemblées délibérantes qui, en maintenant la différence des ordres, assuraient une représentation distincte aux divers intérêts du pays. Ce que la minorité voulait expri-

(1) Ce terme indiquait les personnes appelées au service militaire et rémunérées par des bénéfices ou « *pomestié* ».

mer par son refus d'accepter le texte de résolution
voté par la majorité, c'était son désir de constituer
la future assemblée nationale, non sur l'exemple
des parlements étrangers, mais sur celui de nos
anciens Etats, bien entendu avec les modifications
qu'exigent les principes modernes de liberté et
d'égalité.

Mais le fait est qu'une fois ces principes accep-
tés, toute distinction entre les ordres tombe nécessairement. Si les Chambres représentatives ont pris
de nos jours la place jadis occupée par celles de la
noblesse, du clergé et du tiers-état, c'est qu'il
n'existe plus de différences entre les droits publics
des citoyens. La représentation nationale doit, par
conséquent, être basée sur un autre principe qui
est celui de la différence d'intérêts économiques
entre les diverses régions qui composent l'empire.
On n'a, désormais, que le choix entre une représentation globale de tous les habitants de l'empire
et celle qui assure à chaque région la possibilité de
faire entendre ses vœux et ses doléances à l'ensemble du pays. Quant à l'avantage qu'il y aurait à
accorder aux représentants un vote décisif ou simplement une voix consultative, cette thèse ne
devrait donner lieu qu'à des discussions purement académiques. Les débats qu'elle provoque
rappellent de loin ceux qui se sont produits au sein
de l'Assemblée Constituante en France, alors qu'il
s'est agi de savoir si le roi aurait un veto absolu ou
un veto suspensif. Or, il est avéré que le roi d'An-

gleterre, qui possède un veto absolu, n'en fait point usage, tandis que le président des Etats-Unis, avec son veto suspensif, continue à arrêter plus d'une mesure législative, souvent d'une grande portée.

Passons maintenant à l'analyse de quelques autres dispositions que contient le texte des résolutions prises par l'assemblée des 6, 7 et 8 novembre 1904.

L'art. 11 émet un vœu, celui de voir le souverain appeler des représentants du peuple, librement élus, à renouveler les assises de l'Etat russe, en s'inspirant de deux principes : celui de la légalité et celui d'une entente cordiale entre le pouvoir et le peuple. Il s'agit, dans cet article, dont la rédaction laisse à désirer au point de vue de la précision des termes, de faire entendre au tzar qu'on veut une assemblée constituante et qu'on proteste d'avance contre toute velléité de candidatures officielles.

Après cette espèce de projet de charte constitutionnelle, les membres des *zemstvos*, réunis dans les séances des 8 et 9 novembre 1904, ont trouvé bon d'exprimer quelques vœux supplémentaires. Ils ont formulé certaines doléances au nom du peuple et des classes dirigeantes contre le système policier introduit en Russie sous le règne d'Alexandre III, à la suite du meurtre de son père. La législation du 14 août 1881 prescrivait certaines mesures exceptionnelles » pour le maintien de l'ordre et de la paix publiques », Au dire

des membres des *zemstvos*, ces mesures sont devenues les causes déterminantes « de l'arbitraire
administratif et du mécontentement général ».
Elles rendent impossibles toute confiance et toute
unité d'action entre le pouvoir et le peuple. Aussi
exige-t-on leur révocation immédiate. Une des
suites de ces mesures exceptionnelles a été la mul-
tiplication extraordinaire du nombre des victimes
de l'arbitraire administratif ; bien des personnes,
se plaignent les membres de *zemstvos*, ont été
limitées dans leurs droits et soumises à des peines
diverses (et cela non à la suite d'un jugement, mais
par mesure préventive). Les pétitionnaires demandent au tzar de lever tous les châtiments décrétés
par les pouvoirs administratifs. Ils ont également
tenu à dire un mot en faveur d'une large amnistie,
au profit de toutes les personnes condamnées judi-
ciairement pour crimes politiques.

A ces demandes en faveur des proscrits, la réunion du 9 novembre a joint quelques vœux qui
concernent l'instruction publique. Elle a prétendu
— et c'est là un aveu qui mérite d'être noté — que
l'état fâcheux de nos écoles, tant primaires que
secondaires et supérieures, n'a d'autre cause déterminante que la suspicion professée par la bureaucratie vis-à-vis du développement intellectuel du
peuple. Les pouvoirs ne veulent pas comprendre
l'importance qu'un pareil développement présente
pour l'évolution progressive de la société et de
l'état russes. Les pétitionnaires voudraient faire

disparaître toute entrave à l'éducation du peuple et
ils demandent qu'à leur prochaine réunion les Conseils généraux soient autorisés à débattre les questions qui se rapportent à l'instruction primaire.
Ce dernier paragraphe jette une vive lumière sur
un état de choses qui paraîtra vraiment exorbitant
au lecteur français. Ils éveillent le souvenir de ce
ministre de l'Instruction publique (le comte Delia-
noff) qui, dans une circulaire fameuse, se prononçait contre l'admission aux écoles secondaires et
aux universités de « fils de cuisinières » ; on a
présent à l'esprit la fin de non-recevoir qu'un autre
ministre, celui-là sorti des rangs mêmes des professeurs de l'enseignement supérieur, opposait à
toutes les demandes des municipalités quant à
l'ouverture de nouveaux lycées. Quiconque a eu
l'occasion de se mêler au monde des instituteurs,
peut affirmer qu'il n'y a pas de travail moins rému-
néré et de situation plus équivoque vis-à vis du
pouvoir que celle des personnes appartenant à cette
catégorie. Forcés à accomplir de jour en jour un
travail qui souvent se prolonge fort tard dans la
soirée, elles sont surveillées et traquées par les
autorités tant villageoises que provinciales. Il
faut compter d'abord le pope ou le curé qui seul
a le droit d'enseigner l'Écriture Sainte et le catéchisme, et ne demande qu'à se faire remplacer
dans cette tâche, à titre gratuit, bien entendu, par
le maître ou la maîtresse d'école. Il y a ensuite
l'inspecteur gouvernemental et l'inspecteur nommé

5.

par le *zemstvo*, tous deux chargés de veiller à l'exécution d'ordres partis de haut lieu et qui défen-
dent aux écoles primaires de tenir dans leurs bibliothèques non seulement des revues et des journaux
d'esprit libéral, mais même les œuvres de nos
grands écrivains, tels que Tolstoï, Tourgueneff ou
Chtchedrine. J'ai eu personnellement l'occasion
d'intervenir en faveur d'une maîtresse d'école et
d'excuser sa conduite en disant que c'était moi qui
lui avais prêté un numéro de la revue,·*Pensée
Russe*, contenant mon article. Il me fut répondu
que cette fois on ne sévirait pas, mais que l'incul-
pée n'avait qu'à bien se tenir à l'avenir. Le con-
teur élégant et profond qu'était Tchekhoff me
disait un jour qu'il avait étudié la vie intime de
80 instituteurs et institutrices et qu'il comptait
attirer l'attention du public russe sur la situation
vraiment intenable faite à ces instructeurs du peuple. Ce projet ne fut, malheureusement, pas exé-
cuté, et notre littérature manque encore d'un
tableau réaliste de la vie du maître d'école.

Quand on envisage l'ensemble du projet de
déclaration politique que je viens d'analyser, il est
difficile de ne point lui reconnaître un caractère
pratique, et en même temps une modération qu'on
rencontre rarement dans des actes partis d'assemblées de cet ordre. Car il ne faut point s'y tromper :
nous nous trouvons en face d'une réunion qui rappelle celle du Jeu de Paume, avec cette différence
pourtant que Louis XVI avait cru un moment arrê-

ter de pareils débats, en leur retirant son autorisation, tandis que l'empereur Nicolas ou son ministre n'ont point trouvé nécessaire de recourir à des
mesures restrictives de cet ordre. Il paraît qu'à la
lecture de l'acte que je viens d'analyser, le tzar a
même énoncé l'avis qu'il contenait un certain nombre de réformes utiles et qui pourraient être appliquées un jour ou l'autre. Malheureusement, le temps
n'attend pas, et, depuis que ces paroles ont été prononcées, bien des réunions d'un caractère moins
privé, ainsi celles du Conseil municipal de Moscou
et des Conseils généraux de mainte province, ont
fait entendre au tzar les mêmes vœux. Et, ce qui
est infiniment plus grave, le 9/22 janvier 1905, plus
de 200.000 ouvriers, entrés en grève à Pétersbourg,
se solidarisèrent avec le mouvement libéral et firent
suivre leurs demandes, quant à la journée de huit
heures et à l'élévation de leur salaire, de vœux pour
la liberté de conscience et de presse, la liberté de
réunion et d'association et la liberté de la grève qui,
elle aussi, n'est pas admise par nos lois. Un accord
s'est établi de la sorte entre la direction donnée au
mouvement par les classes dirigeantes et celle à
laquelle veulent bien se soumettre les classes inférieures ; ou plutôt la nécessité de toutes ces libertés
ainsi que du régime représentatif qui assurerait leur
maintien, saute aux yeux de tout le monde à tel
point que, malgré leur divergence d'intérêts, propriétaires et non-propriétaires, patrons et ouvriers,
ne voient point d'issue à leurs griefs légitimes qu'à
condition d'établir un régime de liberté et de légalité.

CHAPITRE V

Le mouvement constitutionnel russe a eu pour
point de départ, dans ces dix dernières années, les
Conseils généraux, ou *zemstvos*, de nos provinces.
On est porté à se demander pourquoi ces assemblées ont été amenées à jouer ce rôle. On aurait pu
croire que les revendications libérales sortiraient
du sein des universités et de la presse périodique.
En effet, le gouvernement n'avait-il pas préparé
lui-même, sous le règne d'Alexandre II, la propagande constitutionnelle par le haut enseignement,
en créant, sur l'ordre de l'empereur, une chaîre de
droit public étranger ? J'en parle en connaissance
de cause, car je fus l'un des professeurs qui ont
occupé cette chaîre. Pendant dix ans j'ai eu l'occasion de traiter des droits publics individuels en
Angleterre, en France et en Allemagne, ainsi que du
régime représentatif, et de le comparer au système
policier russe, et cela sans autres inconvénients
personnels que celui de passer pour un esprit brouil-

lon aux yeux de mes chefs hiérarchiques. Plus d'un professeur avant moi avait abordé les mêmes sujets. Pendant vingt ans, des générations d'étudiants furent élevées dans des principes de liberté et de légalité, contraires à nos institutions. Or, tout cela se fit par ordre impérial. Après l'émancipation des serfs en 1861, et avant la réforme générale de nos universités, des chaires de droit constitutionnel furent créées par nos Conseils académiques conformément au désir exprimé par Alexandre II. Il ne vint à l'esprit de personne d'imposer aux professeurs un programme auquel ils auraient à se conformer dans leurs leçons. On se prit fort tard à leur suggérer l'idée de traiter les institutions européennes « au point de vue du peuple russe ». Cette grossière mystification ne se fit que sous le règne d'Alexandre III, et ceux qui ne voulurent point se plier aux nouvelles exigences et qui osèrent les soumettre à la critique, furent cavalièrement mis à la porte de nos universités. Vingt ans d'enseignement suffisent pour former une série de générations imbues d'esprit libéral. La presse, d'ailleurs, qui jouissait à la même époque d'une liberté relative, malgré le système de trois avertissements, suivis de la suppression du journal inculpé, propageait les mêmes idées avec un tel esprit de suite que des personnes restées en dehors de toute influence universitaire pouvaient aisément faire leur éducation politique rien qu'en lisant nos « gazettes » et des revues fort volumineuses et qui

souvent contiennent en Russie le double ou le triple d'un numéro français. Tout ce mouvement fut
enrayé sous Alexandre III. La nouvelle réforme
universitaire, tout en proclamant la liberté de l'enseignement, fut inaugurée par une mise à la retraite
d'un certain nombre de professeurs d'esprit indépendant. Le reste fut terrorisé au point de se soumettre passivement aux bons avis que le ministre de l'instruction publique distribuait paternellement dans ses tournées. Plus d'une anecdote
amusante se rattache à ces dernières. Le ministre Bogoliepoff, notamment, renchérissait sur le
devoir qu'avaient les professeurs de droit public
de préparer les esprits à une entente judicieuse de
tous les avantages du régime autocratique russe
et de tous les dangers des doctrines contraires.
C'est alors que se forma la théorie des influences
néfastes que l'esprit occidental exerce sur nos institutions. De temps à autre nous voyons reparaître dans nos journaux réactionnaires ce vieux
refrain. Si l'or anglo-japonais est rendu responsable de toutes les grèves qui se sont produites à
Pétersbourg et à Moscou avant la fin de la guerre,
c'est au parlementarisme et aux dupes qu'il a su
faire parmi les Russes voyageant ou établis à
l'étranger, que ces même journaux font remonter
l'origine du mouvement constitutionnel qui, depuis
quelque temps, a entraîné tous les lettrés.

L'influence combinée du haut enseignement et
de la presse sur la formation d'esprits ouverts aux

avantages des libertés publiques et du régime
représentatif, se fit sentir au moment même où nos
universités et nos journaux traqués par le gouvernement et sa censure préventive, étaient réduits à
la dure nécessité de se taire quant à la réforme de
nos institutions. Plus l'enseignement acquérait un
caractère purement technique et poursuivait non
le but de former des esprits larges et ouverts aux
idées nouvelles, mais celui de préparer pour l'administration de bons employés, plus la presse
était muselée, plus on voyait croître au sein de
nos conseils généraux et municipaux le nombre
d'intellectuels se proposant de faire de ces assemblées délibérantes le point de départ de revendications libérales. Car c'est en participant à la conduite des affaires administratives qu'on arrivait le
plus aisément à constater sur le vif l'inanité de
tous les efforts en face d'une opposition systématique, aveugle et souvent intéressée, des agents du
pouvoir. Toute tentative de relever le bien-être
matériel et intellectuel des classes inférieures se
buttait à une fin de non-recevoir, à l'esprit de rou-
tine, ou à des soupçons injustifiés de la part d'un
préfet qui ne demandait qu'une chose : c'est qu'on
le laissât jouir tranquillement de tous les avantages de sa charge, sans courir le risque de recevoir
de son supérieur de dures semonces pour les pré-
tendues concessions qu'il faisait à l'esprit révolutionnaire. J'ai devant moi le rapport présenté au
zemstvo de Koursk par un de ceux dont le nom

figure dans toutes les démarches récentes faites
pour l'octroi d'une constitution. Il s'agit dans cet
acte de l'opposition systématique du préfet de ce
département à la nomination de nouveaux médecins dans divers cantons de l'arrondissement de
Soudja. D'après la loi, la commission exécutive de
cet arrondissement n'est autorisée qu'à présenter
une liste de candidats ; c'est au préfet que revient
le choix définitif. Or, voici ce qui advint en l'année
1901, alors que les habitants du district étaient
décimés par une épidémie de fièvre typhoïde. Des
trois candidats aucun ne fut nommé, car tous inspi-
raient au préfet certains doutes quant au caractère
de leurs opinions politiques. Des mois se passèrent,
et lorsque le préfet consentit enfin à en nommer un,
la personne désignée, fatiguée d'attendre, avait pris
le parti d'accepter un autre emploi. Le président de
la commission fut forcé de la sorte à composer une
nouvelle liste de candidats : cette fois, pour faciliter
la tâche du préfet, il inscrivit dans cette liste une
dizaine de noms. Le préfet vit dans un pareil acte
une atteinte à ses droits, la loi ne l'obligeant point
à s'enquérir sur les titres de plus de trois candidats. Pendant que de nouveaux débats s'élevaient
ainsi entre l'agent du gouvernement central et
l'élu du peuple, les habitants de l'arrondissement
étaient privés de tous soins médicaux et l'épidémie
continuait à sévir sans entraves. C'est dans ces
conditions que la commission exécutive prit le
parti de présenter à la nomination du préfet deux

médecins israélites. Le préfet se garda bien de les
nommer et le canton resta sans assistance médi-
cale pendant dix-huit mois. Quand le titulaire fut
enfin désigné, l'épidémie avait fini de sévir.

J'aurais pu multiplier les exemples, mais celui
que je viens de citer me paraît suffisamment probant. Si même dans le choix d'un médecin de
campagne les conseils électifs et leurs comités
d'administration rencontrent de sérieuses entraves,
des difficultés autrement grandes surgissent pour
eux quand il s'agit d'augmenter, par exemple, les
dépenses occasionnées par l'instruction primaire.
Il y a de cela quelques années, la décision du conseil d'arrondissement de Soumi fut cassée par le
préfet sur un ordre parti de haut lieu, uniquement
pour cette raison que la somme destinée à la création de nouvelles écoles dépassait le montant de
celles qui avaient été votées dans les assemblées
précédentes. Le gouvernement voit d'un mauvais
œil toute tentative de multiplier le nombre d'écoles
laïques. S'inspirant des idées du fameux procureur
du Saint-Synode, M. Pobiedonostzeff, il voudrait
remplacer ces écoles par des écoles paroissiales.
Le pope, qui est déjà un employé d'état civil, car
nul mariage et nul décès ne peut être constaté que
par un acte émanant de lui, est appelé à devenir
ou plutôt à redevenir l'éducateur des enfants de la
paroisse. Bien entendu, il lui est impossible de
s'adonner lui-même à l'enseignement ; il est, par
conséquent, amené à se faire remplacer par quel-

que parent pauvre ou quelque chantre d'église sans
préparation suffisante. Plus d'un propriétaire foncier a probablement reçu des offres analogues, à
celles qui me furent faites en 1900 par le curé du
village que j'habitais en ce moment. Il vint me
supplier de mettre à sa disposition un vieux local
qui jadis avait servi de logis à un de mes gardes-
champêtres. Il voulait y établir son école. L'endroit était mal choisi et distant de plus de 3 kilomètres du lieu de sa résidence. Le curé, qui trouvait en dehors de sa charge un moyen de gagner
une cinquantaine de roubles en enseignant le
catéchisme dans l'école laïque, ne tenait guère à
se déplacer. Aussi comptait-il se faire représenter
à l'école de la paroisse par un neveu de sa femme,
un jeune homme qui venait d'échouer aux examens du séminaire et qui, pour cette raison, ne
pouvait espérer de devenir prêtre à son tour. C'est
à lui que devait incomber la charge d'initier les
jeunes villageois à la connaissance des règles de
la grammaire russe, ce qui aurait permis à son
oncle de toucher une rente payée par le consis-
toire local. Pour donner une plus grande étendue
au système des écoles ecclésiastiques aux dépens
de l'enseignement laïque, les inspecteurs gouver-
nementaux reçoivent l'ordre de se montrer de plus
en plus sévères aux examens de sortie toutes les
fois qu'il s'agit d'une école entretenue aux frais du
zemstvo.

On aurait tort d'attribuer l'attitude hostile du

pouvoir vis-à-vis des écoles laïques uniquement à
des influences cléricales : le catéchisme y est ensei-
gné ni plus ni moins que dans les écoles paroissiales et par nul autre que le curé. Les dissidents sont
forcés de suivre cet enseignement à l'égal des
orthodoxes, et personne n'est admis à remplacer le curé dans sa fonction d'instructeur religieux du peuple, sinon de son propre consentement. Ce qui fait préférer au gouvernement l'école
ecclésiastique à l'école laïque, c'est la crainte de
trouver dans l'instituteur un agent moins servile,
se pliant moins aisément à la direction partie de
haut lieu, alors que le pope est entièrement soumis
aux ordres de ses supérieurs, tant ecclésiastiques que
civils. J'ai eu du plaisir à constater que les propriétaires fonciers sont généralement hostiles au
projet de faire du prêtre l'éducateur des masses
populaires. C'est que ce système n'est pas nouveau : on en a déjà fait l'expérience à l'époque du
servage, alors que le seigneur du manoir préférait
limiter ses dépenses pour l'instruction du peuple
aux dizaines de roubles payées au curé en rémunération de quelques heures de travail qu'il
employait à préparer des chantres d'église ou des
scribes pouvant servir dans l'administration du
domaine. On prévoit, et non sans raison, que
l'enseignement une fois confié aux curés, les paysans resteront illettrés comme par le passé. Et
cette conviction est tellement répandue, que je
connais des cas où des legs n'ont été faits au pro-

fit de l'enseignement primaire qu'à condition que cet enseignement serait confié à des maîtres laïques, la somme du legs revenant aux héritiers légitimes du défunt dans le cas contraire.

Comme il s'agit non de faire connaître au lecteur français toutes les difficultés qu'un intellectuel russe trouve à faire triompher ses idées dans les limites du *self-government* provincial, mais seulement de montrer par quelques exemples dans quelle impasse on se trouve souvent acculé, je m'en tiendrai à ce qui vient d'être dit. La conclusion que le lecteur n'aura pas de peine à tirer est la suivante. Il existe entre le pouvoir suprême exercé par le tzar et que plus d'un de ses sujets considère, à tort ou à raison, comme la source inépuisable de tous les bienfaits qui doivent pleuvoir sur le peuple, et les patriotes qui voudraient servir ce même peuple dans la sphère restreinte de ses intérêts locaux, un mur infranchissable et ce mur est formé par la bureaucratie. Les vœux partis d'en bas n'arrivent pas au trône, car ceux qui sont exprimés par les conseils généraux électifs ne sont déférés au pouvoir central que sous forme de rapports faits par les préfets. Ceux-ci, bien entendu, éliminent de ces rapports toutes les plaintes et toutes les doléances qui pourraient jetter quelque ombre sur leur administration. Alors que les membres des Assemblées de la noblesse provinciale sont autorisés à envoyer directement leurs suppliques au tzar, les corps électifs provin-

ciaux ne possédaient point encore naguère cet
avantage. De là les doléances élevées depuis la
création des zemstvos et devenues on ne peut plus
fréquentes sous le règne actuel, doléances qui,
toutes, se réduisent à un seul point : celui de rendre possible un échange direct de vues entre le
peuple et ses élus d'une part, et le pouvoir suprême
de l'autre. Nous trouvons une manifestation de
ces désirs dans les adresses envoyées par les zemstvos, lors de l'avènement au trône de Nicolas II.
Toutes, sans en excepter la plus franche, si non
la plus violente, celle du gouvernement de Tver,
réclamaient le droit de porter aux marches du
trône « l'expression des besoins et des pensées
non de l'administration seule, mais aussi du peuple russe ». Cette idée qui apparaît dans l'adresse
du zemstvo de Tver est rendue par celui de Toula
d'une façon non moins précise : « Nous demandons que la voix du zemstvo soit entendue par
le tzar ». L'assemblée de Koursk exprime le même
vœu en demandant au tzar « de donner un libre
accès à sa personne à tous ceux qui sont les interprètes des besoins locaux et des intérêts régionaux ». Le zemstvo de Tchernigoff est encore
plus explicite. « La confiance de Votre Majesté,
lisons nous dans son adresse, nous est aussi nécessaire et aussi précieuse que le sont la lumière et l'air
à tous les êtres vivants ; elle nous permettra de
garder l'espoir qu'il nous sera accordé d'exprimer
nos avis sur les besoins locaux et de faire parve-

nir ces avis à Votre Majesté, ainsi que sont autorisés à le faire, par l'art. 135 du tome IX du Recueil
de nos lois, les membres des assemblées de la
noblesse ».

Le but très précis que poursuivent toutes ces
démarches nous est révélé par le fait que les demandes adressées par les zemstvos et qui, d'accord
avec la loi, ne doivent se rapporter qu'à des intérêts locaux, sont souvent laissées sans réponse, et
cela pendant des mois et des années. Toute tentative de réagir contre une pareille pratique en pu-
bliant les procès-verbaux des délibérations ou le
texte des requêtes, est enrayée par une triple censure : celle du préfet, celle de la police de l'arrondissement dans la personne de l' « ispravnik », et
celle qui dispose du sort de la presse périodique.
Nous ne tenons point à être crus sur parole. Des
faits précis et dont plus d'un reste encore inédit
grâce aux empêchements dont je viens de parler
confirment nos assertions. En consultant le rapport manuscrit d'une commission nommée par le
zemstvo de Koursk, j'y trouve les renseignements
suivants : « Les zemtvos traversent bien des difficultés quand il s'agit de publier leurs rapports.
Ce ne fut que durant les trois premières années
qui suivirent leur création, c'est-à-dire de 1864 à
1867, qu'ils furent autorisés à faire paraître, sous
leur propre responsabilité, les comptes rendus de
leurs séances. Depuis 1887, tout ce que les zemstvos veulent imprimer est censuré par le préfet.

Le nouveau règlement des zemstvos, celui de 1890, a non seulement maintenu au préfet ce droit, mais l'a autorisé également à prohiber la divulgation par les journaux de toute mesure recommandée par les conseils électifs toutes les fois qu'elle ne trouve point son approbation. Quelques préfets ont fait usage de ce droit pour rendre impossible la publication de procès-verbaux des sessions du zemstvo, et cela sans établir de différence entre les décisions qui ont été cassées par eux et celles qui eurent un sort meilleur. Souvent, les divers censeurs qui disposent du sort des procès-verbaux et des rapports dressés par les zemstvos n'arrivent pas à s'entendre : l'un autorise ce que l'autre proscrit. Souvent aussi le préfet, sans opposer son *veto* à telle ou telle mesure du zemstvo, exige qu'on y ajoute un amendement. C'est ainsi que le zemstvo de Soudja, dans le gouvernement de Koursk, ne put publier une instruction adressée aux médecins qu'à condition d'y joindre l'ordre du préfet leur défendant tout déplacement en cas d'épidémie. Or, ainsi que le signale la commission du zemstvo de Koursk, une pareille mesure est inapplicable, car on ne trouve dans l'arrondissement que 7 à 8 médecins, alors que le nombre des villages se compte par dizaines. La censure du préfet s'exerce même vis-à-vis les listes de tableaux destinés à être reproduits par la lanterne magique. Les conseils du zemstvo sont autorisés par la loi à offrir au peuple des campagnes les moyens de se divertir « d'une façon instructive » ; or, un des moyens recommandés est celui d'organiser des conférences du soir suivies de projections. Dans les poursuites récemment dirigées par le pouvoir central contre le zemstvo de Tver et qui aboutirent à sa suppression momentanée, sous le ministère de M. Plehwe, une des raisons données a été celle que dans les écoles dirigées par le zemstvo on avait fait voir au peuple des scènes représentant la pendaison de propriétaires fonciers par les paysans lors de la grande émeute dirigée, sous Catherine II, par Pougatcheff. Le tableau devait servir à illustrer les pages que notre grand poète Poushkine a consacrées à la peinture de cette émeute dans sa célèbre nouvelle : *La Fille du Capitaine*. Cette nouvelle est au nombre de celles que les écoles primaires sont autorisées à tenir dans leurs bibliothèques. Par conséquent, il aurait été partout ailleurs qu'en Russie, difficile de trouver une infraction à la loi dans le fait que je viens de narrer. L'incident eut néanmoins des suites fort graves pour les personnes qui y furent mêlées. Les maîtres d'écoles perdirent leurs charges et M. Kouzmine-Karavaïeff, l'inspecteur élu des écoles primaires du zemstvo de Tver, tout général et professeur qu'il est, fut forcé de quitter sa charge. L'arbitraire du préfet vis-à-vis des conseils électifs apparaît également dans des cas tels que le suivant. Celui de Koursk a refusé un jour son autorisation à l'impression d'un compte rendu quant à l'activité de l'école du dimanche établie à Soudja, et pour

cette seule raison qu'on avait omis d'employer dans
le manuscrit du rapport l'accent dur dans la termi-
naison des mots (1). Les assemblées représentatives locales ont beau insister sur la nécessité d'avoir
un périodique qui tiendrait la population au courant des diverses manifestations de leur activité :
ces demandes restent généralement sans réponse.
Une triple censure attend même les affiches de spec-
tacles et de concerts organisés au profit des écoles
du zemstvo. L'*ispravnik*, ou chef de police de l'arrondissement de Soudja, n'a donné un jour son
consentement à l'impression d'une affiche, qu'à
condition qu'on élèverait le prix des places. En face
de pareils procédés, on s'explique les raisons pour
lesquelles des publicistes russes, tel M. Nicolas
Shichkoff, s'accordent à dire qu'un des empêchements les plus sérieux à l'activité des zemstvos est
l'attitude prise par le pouvoir vis-à-vis de leurs
vœux et de leurs doléances. Pendant des années,
écrit-il, les conseils électifs ne reçoivent aucune
réponse à des demandes, souvent réitérées. La plu-
part du temps, ces dernières sont écartées ; on
répond que : « les demandes sont considérées comme
intempestives » — bien entendu sans aucune preuve
à l'appui, — ou encore : « qu'elles ne paraissent pas
être suffisamment motivées ». La fin de non recevoir a souvent pour cause que la demande qu'on

---

(1) On rend l'accent dur en langue russe en ajoutant à la fin
du mot une lettre spéciale de l'alphabet, le *ier* (2).

Kovalevsky   6

adresse au gouvernement n'est point de celles pré-
vues par la loi, ce qui est vrai à la rigueur, car plus
d'une fois elles tendent à l'amendement des lois
existantes. On se contente, aussi, de déclarer que
les mêmes demandes n'ayant pas été élevées par
d'autres zemstvos, on préfère n'en tenir aucun
compte. En cas d'adhésion, le gouvernement l'accorde sous une forme indéterminée : « on prendra
en considération les vœux du zemstvo lors de l'examen de cette question ». Quand, à la longue, arrive
l'heure de cet examen, les zemstvos ont beau réclamer d'y être admis dans la personne de leurs propres
délégués ; la bureaucratie préfère s'en tenir à ses
seuls agents et le résultat est que plus d'une mesure
élaborée en haut lieu est reconnue inapplicable par
les autorités mêmes qui l'avaient édictée. Tel fut
notamment le cas d'un règlement concernant le service des vétérinaires, monument législatif qui illus-
tra la dictature de M. Plehwe et que le tout-puissant
ministre finit par reconnaître non-viable, cette fois
en s'autorisant des nombreuses réclamations parties du sein des zemstvos.

Lorsqu'on se demande quelle est la cause de
cette hostilité du gouvernement vis-à-vis des conseils généraux, on est amené à reconnaître qu'elle
a pour point de départ la réaction qui envahit,
petit à petit, nos sphères dirigeantes à l'avènement d'Alexandre III. C'est alors que, sous l'influence de l'impression pénible produite par le
meurtre de son père, on commença à se méfier

de toutes les velléités d'indépendance montrées
par les conseils provinciaux. Un nouveau règlement, celui de 1890, produisit une espèce de contre-révolution dans le domaine du self-government
local. La loi organique des zemstvos, qui est de
1864, reflète la tendance égalitaire, tendance qui
s'était manifestée dès l'époque de l'émancipation
des serfs. Le zemstvo est appelé à représenter non
des ordres, mais des catégories d'intérêts économiques ; aussi le droit de vote est-il accordé :
d'abord, à tous les propriétaires fonciers individuels, qu'ils soient d'origine noble, marchande ou
paysanne ; puis, aux communes rurales, en tant
que possesseurs indivis des terres du *mir*, et, en
troisième lieu, aux agglomérations urbaines, en
tant que propriétaires des biens municipaux. Le
statut de 1890 bouleverse entièrement ce système.
A la place de la représentation des intérêts, il met
celle des ordres. Deux assemblées électives sont
créées par lui : l'une, composée de nobles à vie et de
nobles héréditaires, l'autre, où on confond les propriétaires roturiers, tant individuels que collectifs,
tant campagnards que citadins. Le *zemstvo* de Novgorod, dans un rapport présenté en 1898, signale les
malheureux effets d'une pareille réforme à rebours.

« En confondant dans un même groupe les propriétaires communistes avec les propriétaires individuels, déclare le rapport, on arrive à ce résultat
fâcheux que les intérêts d'une des deux classes ne
reçoivent point la représentation qui leur revient

de droit, c'est-à-dire au prorata de leur nombre et de
la quantité de terres qu'elles détiennent. D'autre
part, on ne comprend pas pourquoi les propriétaires roturiers, dont les intérêts économiques sont
identiques avec ceux des propriétaires nobles, sont
divisés en deux groupes distincts. Avec un pareil
système on arrive à assurer une majorité fictive à certains intérêts aux dépens d'autres. C'est ainsi que
les propriétaires paysans sont sacrifiés aux propriétaires appartenant à la haute bourgeoisie. Pourquoi,
d'autre part, établir des différences là où il existe
une solidarité d'intérêts, à moins de vouloir produire
artificiellement un conflit entre les ordres ? ». On
voit par cet extrait que les zemstvos sont partisans
du principe de l'égalité devant la loi. L'avis contraire
n'est partagé que par un nombre restreint de mem·
bres des conseils généraux, qui tiennent à revenir
de temps en temps à la nécessité de maintenir dans
leur intégrité les assises historiques de l'état russe,
état fortement hiérarchisé à leur avis. Cette affirmation est, d'ailleurs, archi-fausse. Nulle part en
Europe la formation des ordres privilégiés n'a été
plus lente qu'en Russie ; nulle part non plus la
noblesse n'a gardé moins d'indépendance vis-à-vis
du pouvoir et n'a été formée en si grande partie
d'anciens serviteurs privés des tzars. Les familles
princières appartenant aux dynasties règnantes
médiatisées ont généralement disparu ; d'autres sont
tombées dans l'indigence, sont devenues, pour
employer une locution courante, « zachoudaly »,

c'est-à-dire, textuellement : amaigries. Depuis le
xviiie siècle leur place a été occupée par la jeune
noblesse, en partie d'origine étrangère, et dont
les fondateurs sont plus d'une fois sortis des classes
les plus humbles, tel le boulanger Menchikoff, le
cosaque Kotchoubeï et le chantre Rasoumovsky.
Il faut se rendre compte de ces origines obscures
des grandes familles qui nous régissent, pour concevoir, d'une part, la justesse de l'appréciation
donnée par Paul Ier au caractère de la noblesse
russe, et, d'autre part, l'esprit égalitaire propre
aux russes malgré le caractère médiéval de leurs
institutions. Répondant à une question qui lui fut
posée par l'ambassadeur d'Angleterre, Paul déclara
qu'il était le premier noble de son Empire et que
celui qui lui était le plus proche pouvait se considérer à bon droit comme le second en dignité.
Quant à l'esprit égalitaire, les zemstvos eux-mêmes
en font foi par le caractère de leurs revendications.

Jamais ces dernières n'ont été empreintes d'un
caractère plus large que depuis la réforme de 1890,
laquelle augmenta le nombre des représentants
nobles et accrut le pouvoir des maréchaux de
noblesse, dont elle fit les présidents des conseils électifs de la province et de l'arrondissement. Et bien,
malgré ces mesures, ou plutôt, à leur suite et contrairement aux attentes du pouvoir, les zemstvos se
mirent à formuler des vœux politiques dont l'ensemble, tend à faire de la Russie une « démo-

cratie royale », semblable à celle que rêvaient
d'établir en France les hommes de 1789. Ainsi, ce
n'est qu'à condition d'ignorer le sens historique de
notre évolution sociale que la minorité des membres
du zemstvo de Novgorod, par exemple, peut déclarer
que la distinction des ordres a toujours été la base
de nos institutions et que toute tentative d'éliminer
cette distinction équivaut à un renoncement à nos
assises historiques.

Cette discussion, en somme, rappelle de fort
près celle qui s'éleva en France sous le ministère
de Turgot. Ce dernier n'avait-il pas tenu à doter le
pays d'une représentation locale à laquelle étaient
appelés non les divers ordres sociaux, mais les
différentes classes de propriétaires fonciers. On
s'explique l'opposition qu'un pareil projet rencon-
tra dans les provinces à pays d'État, où les ordres
privilégiés avaient une représentation indépendante de celle du tiers. Mais en Russie, où la
noblesse a gardé ses propres assemblées à côté de
celles des zemstvos et où le clergé n'en possède
aucune, toute opposition faite au nom des ordres
privilégiés ne peut trouver son point de départ que
dans cette idée déjà énoncée par Montesquieu et
acceptée par Catherine II qui est que la noblesse
doit être considérée comme le plus sûr appui du
trône. Or, en protestant contre l'autocratie et en se
mettant à la tête des revendications populaires,
cette noblesse prouve on ne peut mieux que le pouvoir a fait fausse route. On constate, non sans stu-

peur, que le gouvernement a pris sur lui l'initiative d'accroître dans les assemblées locales l'influence de l'ordre qui lui est le plus contraire et d'amoindrir en conséquence le rôle joué par les délégués paysans. C'est ainsi qu'on a soumis les délibérations des assemblées communales aux décisions d'un fonctionnaire choisi, d'après la loi, parmi les nobles, et qu'on a reconnu au préfet, dès 1890, le droit d'avoir le dernier mot dans les élections faites par les assemblées communales. Ainsi le principe électif est foncièrement vicié, et cela au détriment de la classe qui s'est montrée la moins indépendante vis-à-vis du pouvoir et la moins portée à présenter des pétitions de caractère politique. Il est curieux de noter que l'esprit égalitaire des zemstvos se fait connaître par des demandes en faveur du rétablissement du principe électif au profit des paysans. Très caractéristiques sont à cet égard les adresses envoyées dans ces dernières années par les zemstvos de Novgorod, de Koursk, de Tver, etc. : toutes désirent libérer le *mir*, ou assemblée communale, de toute sujétion à ce fonctionnaire noble qui, sous le nom de *zemski natchaïlnik*, est actuellement un pacha au petit pied dans les limites de la commune. On tient à le remplacer par une assemblée élective cantonale et dans laquelle viendraient siéger des délégués de diverses « volost » ou communes villageoises. Cette représentation aurait pour base, non la distinction des ordres, mais celle d'intérêts économi-

ques, ceux des villages qui posséderaient la terre
en indivis seraient appelés à constituer une assemblée élective entièrement indépendante de celle
formée de propriétaires fonciers individuels. Ce
n'est qu'à cette condition, disent les membres des
zemstvos, qu'on arriverait à faire entendre au peuple l'importance du self-government local et à le
pousser à s'occuper d'une façon sérieuse de ses
propres intérêts. Ai-je besoin de dire que ces réclamations restent jusqu'ici lettre morte, que les communes continuent à nommer, sous la pression du
factotum gouvernemental, non des députés, mais
des candidats à la députation, et que c'est au préfet que revient le droit de faire un triage parmi ces
candidats ?

Si, d'une part, les zemstvos tiennent à pousser
des racines plus profondes dans le sol, en créant une
nouvelle circonscription, celle du canton, ils com-
prennent, également, la nécessité d'établir une
entente entre les conseils généraux de plusieurs
provinces voisines, et cela afin d'introduire des
réformes dans le domaine de l'hygiène sociale et
du service vétérinaire. Ai-je besoin d'insister, que
la guerre aux épizooties, ainsi qu'à toutes les maladies infectueuses, ne peut être conduite avec succès, comme d'ailleurs toute autre guerre, qu'à condition de faire converger vers un même but tous
les efforts ? Eh bien, ce vœu on ne peut plus pratique
n'a pu jusqu'ici triompher de la suspicion dans
laquelle le pouvoir tient les organes du self-govern-

ment provincial — les zemstvos. On plaisante en
haut lieu en disant que les conseils généraux ne
manquent aucune occasion pour insister sur la
nécessité de convoquer les Etats Généraux ; tout
leur est bon à cette fin, même la peste. Ne s'est-il
pas agi en effet il y a de cela quelques années de
réunir en un « sobor » les délégués de plusieurs
Zemstvos dans le but de combattre la peste ? Mais
le fait est que la peste ne peut être enrayée qu'à
condition d'une pareille entente entre les diverses
provinces de l'Empire. N'en est-il pas de même
lorsqu'il s'agit de tracer de nouvelles voies fer-
rées, de nouveaux canaux, ou d'établir, aux frais
des zemstvos, des écoles techniques ou des écoles
d'agriculture ?

Pour donner une idée approximative du mauvais
vouloir que les gouvernants opposent aux revendications des zemstvos, je citerai quelques chiffres.
De 1865 à 1884, les conseils généraux ont présenté
au pouvoir 2.623 revendications ; sur ce nombre,
1.354 furent rejetées ou laissées sans réponse.
D'année en année le nombre de ces dernières au
lieu de diminuer, ne faisait qu'augmenter. On
s'est opposé en haut lieu à la diminution du cens
électoral, c'est-à-dire de la somme d'impôts, dont
le payement était requis pour la jouissance du droit
de suffrage ; on a retiré aux zemstvos la permission d'élaborer en commun avec d'autres assemblées du même ordre des mesures contre les épi-
démies et à combiner leurs efforts pour résoudre

quelques problèmes d'économie sociale pratique.
Les demandes faites par les conseils généraux
quant à l'octroi d'une plus grande liberté de publier
leurs débats eurent le même sort. Ils ne furent
pas plus autorisés à introduire le principe de l'instruction primaire obligatoire, principe sur lequel
plus d'un d'entr'eux avait longtemps insisté. A
partir de 1873, le gouvernement prit le parti de ne
donner aucune réponse à des réclamations de cet
ordre. La demande de permettre aux instituteurs
de diverses provinces de se réunir en un congrès
pour élaborer en commun des programmes d'éducation se heurta au même refus. Récemment encore,
les maréchaux de noblesse, en tant que présidents
des conseils généraux, reçurent l'ordre de n'admettre aucune discussion d'adresses une fois que ces
dernières exprimaient le désir qu'on mit fin à cette
infamie qu'est la correction corporelle, exercée sur
des personnes ayant atteint l'âge de la majorité,
quelquefois même sur des vieillards. Il a fallu la
naissance d'un héritier présomptif du trône pour
que l'abolition de la peine corporelle, si souvent
réclamée par nos zemstvos, fut enfin octroyée par
le tsar.

Quand on se rend compte de tous les embarras
qu'ont eu à subir les membres des zemstvos, on se
demande comment il se fait qu'on arrive encore à
recruter le personnel nécessaire à leur fonctionnement. Il faut posséder une foi robuste dans le
triomphe final de la grande cause de la liberté

russe pour supporter pendant des années les tra-
casseries journalières auxquelles on est soumis en
qualité de membre des conseils généraux électifs.
Et malgré cela les zemstvos sont arrivés à rendre
des services importants à l'amélioration de nos
conditions sociales. Avec des moyens fort limités,
ils ont fait beaucoup pour créer et pour étendre le
système des écoles laiques. Quand il me vient à
l'esprit qu'il y a à peine trente ans les dépenses
annuelles pour l'instruction primaire dans un
arrondissement du gouvernement d'Ekaterinoslav,
celui de Novomoskovsk, atteignaient en tout la
somme de 100 francs, et qu'à l'heure actuelle des
dizaines et des centaines de mille francs sont
affectées à ce sujet par les zemstvos d'arrondissement, il m'est difficile de ne pas reconnaître que
si, dans certaines provinces, les 3/4 ou même les
4/5 de la jeune génération ne sont plus illettrés,
c'est à nos conseils électifs que nous le devons. Ces
mêmes conseils ont rendu un grand service au pays
en installant des bureaux de statistique locale ; on
peut dire que sous ce rapport la Russie n'est en
retard sur aucune puissance européenne. Si les
zemstvos n'ont pas pu atteindre des résultats aussi
heureux en ce qui concerne la construction de nouvelles routes ou la création d'hôpitaux de village,
la faute en revient à l'exiguïté de leur budget et à
l'immensité des espaces qu'ils sont appelés à admi-
nistrer. Une autre tâche accomplie par les zemstvos
a été la création du système d'assurance obliga-

toire contre l'incendie. On peut juger de l'importance d'un pareil service si on se rend compte que la majorité des maisons paysannes sont construites en bois et couvertes de chaume. Je me permettrai, par conséquent, de conclure en disant que les zemstvos, par la part qu'ils ont prise au relèvement de nos conditions sociales, ainsi que par l'esprit d'égalité et de liberté qui caractérise leurs revendications politiques, ont bien mérité de la patrie russe.

CHAPITRE VI

Il y a lieu de se demander pour quelle raison
les classes dirigeantes russes, à l'encontre de ce
qui s'est produit et est encore à l'ordre du jour
dans les divers pays de l'Occident, font de la politique démocratique. Cette question ne peut être
élucidée que par un coup d'œil rapide sur le vrai
caractère et l'origine de la noblesse russe — sujet
qui, à mon avis, a été méconnu en France et
mérite, par conséquent, de fixer pour un moment
l'attention du lecteur.

Parler de l'histoire des classes sociales en Russie, c'est retracer l'évolution même du peuple
russe ou plutôt mettre le lecteur en présence de
plusieurs évolutions parallèles, car les classes
sociales se sont constituées d'une façon différente
dans la Grande Russie et dans la Petite, dans les
provinces lithuaniennes, ayant jadis fait partie du
royaume de Pologne et dans les provinces baltiques ayant subi l'influence du droit allemand, de

la conquête accomplie au xiii° siècle par l'ordre teutonique (les Chevaliers du glaive) et de la domination passagère de la Suède. La question des classes sociales en Russie deviendrait encore plus compliquée s'il s'agissait de mettre le lecteur au courant de leur évolution dans les diverses principautés et royaumes annexés à l'Empire, dans la Pologne et la Finlande, ou encore au Caucase et en Crimée, qui forment à eux seuls des mondes à part ou plutôt une série de sociétés traversant les phases les plus diverses de l'évolution économique, juridique et politique. Car, en effet, au Caucase, à côté de la structure démocratique d'une société telle que les Ossètes ou encore du peuple arménien, on trouve devant soi un milieu fortement hiérarchisé chez les Cabardiens, ainsi qu'une société à moitié féodale chez les Géorgiens ou encore chez les Tartars.

Il va sans dire que dans l'exposé que je compte faire, il ne sera question que de l'organisation sociale des Grands Russes, c'est-à-dire de la nationalité dominante. C'est elle qui a créé l'empire des tzars et qui l'a doté d'institutions dont le caractère à la fois despotique et hiérarchique jure on ne peut plus avec la structure d'une société démocratique et libertaire, telle que l'était celle des Cosaques de la Petite Russie, ou encore avec l'ensemble des mœurs, coutumes et tendances d'esprit d'un peuple chevaleresque et féodal tel que les Polonais ou les Géorgiens.

Même réduit à des limites plus étroites, le sujet que je dois aborder est de nature à m'épouvanter. Comment ferais-je pour indiquer en peu de mots ce qu'il y a de particulier dans l'organisation sociale d'une société qui, au milieu du xixe siècle, gardait encore de la féodalité non son esprit politique, mais sa structure économique, le servage, le monopole et les privilèges de la noblesse, ses immunités en matière d'imposition, son droit exclusif à la propriété immobilière, abstraction faite des terres vaines et vagues, ses droits seigneuriaux et notamment ceux de justice et de police rurales.

La réforme de 1861 a fait table rase de tout cet échafaudage médiéval, sans en détruire l'esprit. Les préjugés nobiliaires se maintiennent encore parmi nous. Le gouvernement lui même en est fortement empreint. S'il en était autrement, il serait difficile de parler de nos jours de la création de banques d'Etat ayant pour but d'assurer à la noblesse un crédit à meilleur compte qu'aux autres classes de la société. On ne poursuivrait pas consciemment le but de reconstituer la grande propriété nobiliaire, en facilitant aux nobles l'acquisition des terres par des avances d'argent de la part de l'Etat.

Il serait également impossible d'introduire dans notre système juridique une espèce de majorat d'autant plus étranger à notre droit national que toutes les tentatives faites dans le même sens sous Pierre-le-Grand ont échoué devant la résistance

tacite des privilégiés .eux-mêmes. Pour se rendre
compte de cet état d'esprit de ceux qui nous dirigent,
il n'y aurait qu'à consulter le texte des lois publiées
sous Alexandre III et Nicolas II : création d'une
banque de la noblesse, création de majorats, extension des droits reconnus aux maréchaux de la
noblesse dans le domaine du self-government local,
remise aux mains de hobereaux d'origine noble du
droit d'exercer en même temps la police et la justice
au sein de nos campagnes, etc., etc.

La presse conservatrice est la première à demander une refonte complète de notre droit civil, administratif et financier, dans un esprit aristocratique.
On ne va pas jusqu'à réclamer le rétablissement du
servage, mais on ne recule point devant l'idée d'enrichir la noblesse aux dépens des autres classes de
la société, de soustraire, par des substitutions, ses
fortunes immobilières aux poursuites légales, et de
remettre entre ses mains le pouvoir local, tant
administratif que judiciaire.

Cette tendance a d'autant plus lieu de nous surprendre qu'elle se produit au sein d'une société qui
se démocratise tous les jours davantage, grâce à
une évolution rapide de l'industrie. Cette dernière
doit son évolution au système protecteur et aux
encouragements de toute sorte, que lui prodigue le
gouvernement. Pensez seulement aux primes accordées aux exportations des syndicats sucriers, aux
emprunts étrangers permettant la construction de
nouveaux chemins de fer à travers les continents

et au coup d'épaule donné aux industriels par un
tarif élevé sur les produits des manufactures étrangères.

Ainsi, un gouvernement professant des tendances
purement nobiliaires encourage l'évolution rapide
du tiers-état et sacrifie en partie les intérêts économiques de l'ordre privilégié, en retirant à l'agriculture les capitaux qui pourraient l'alimenter. Car
l'effet naturel des encouragements dont profite l'industrie est l'état stationnaire de notre économie
rurale — principale source du bien-être matériel
de la noblesse.

J'insiste sur cette contradiction et j'y vois la cause
déterminante de ce fait, que la noblesse dépérit
comme classe économique, tout en augmentant le
nombre de ses privilèges comme ordre social.

A côté de ce phénomène il faut en placer un autre,
dont la portée est tout aussi considérable.

L'agriculture restant stationnaire et l'industrie
attirant de plus en plus à l'usine et à la fabrique le
surplus de la population des campagnes, le prolétariat des villes fait son apparition, malgré l'existence d'un communisme agraire reconnu par la loi.

Jusqu'à ces derniers temps, je pourrais dire jusqu'à ces derniers jours, le gouvernement s'est for-
mellement opposé à la dissolution de la commune
agraire. La responsabilité collective des membres
d'une même commune en ce qui concerne la rentrée
des impôts directs, le système de passe-ports empê-
chant des déplacements trop fréquents, les entraves

mises au partage des familles villageoises ou plutôt de leurs foyers, tout cela était fait pour maintenir, d'une façon en partie artificielle, les liens qui rattachaient le paysan communiste à la terre qu'il cultive.

Mais, d'autre part, l'accroissement rapide de la population, le manque de capitaux, et, comme suite nécessaire, une agriculture pauvre, forcent le paysan à chercher dans l'industrie des villes un emploi plus lucratif à son travail. Tous les ans, les campagnes rejettent de leur sein un nombre de plus en plus grand d'émigrés qui abandonnent à leurs voisins la jouissance de leurs parcelles dans les champs communs, sans autre condition que celle d'être exonérés du poids des impôts directs. Cela suffit pour constituer une réserve de plus en plus grande au sein de la classe ouvrière et nous explique suffisamment la raison pour laquelle les salaires n'ont qu'une faible tendance à l'augmentation. Un de nos économistes les plus en renom, M. Issaiev, dans une conférence faite à Paris, à l'Ecole russe des Hautes études sociales, a démontré, chiffres en mains, que, vu l'enchérissement des vivres, les salaires n'ont augmenté, en Russie, depuis vingt ans, que de la moitié. Cela équivaut à dire que l'évolution de l'industrie russe à coups de tarifs a profité surtout aux chefs d'entreprise. Aussi des fortunes de quelques dizaines et même de quelques centaines de millions de francs se sont formées dans ces vingt dernières années,

Si nous n'avons personne à mettre à côté de
M. Rockeffeller, de M. Carnegie ou de M. Pierpont-
Morgan nous pouvons citer le cas de quelques
industriels, tel M. Tereschenko, de Kiev, qui laissent en ce moment à leurs héritiers plus de cinquante millions de roubles.

La société russe se différencie au point de vue de
la fortune. Le noble n'ayant hérité que de quelques dizaines d'hectares, — classe connue en Russie sous le nom de *melcopomestnoe dvorianstvo*, —
passe à l'état de prolétaire. Un prolétariat agricole
se forme également au sein du *mir* ou de la commune rurale ; ses membres finissent par émigrer
dans les centres industriels. Le gentilhomme pauvre devient fonctionnaire, alors que le paysan
dépossédé, ou ayant librement abandonné son
champ ou plutôt son lot dans les terres communes,
passe à l'état de manœuvre et d'ouvrier. De pair
avec ce processus, se produit l'agglomération de
fortunes immobilières et de capitaux entre les
mains de quelques familles nobles, industrielles et
commerçantes.

Les classes économiques tendent à se constituer
d'une façon de plus en plus indépendante de
l'échelle hiérarchique des ordres sociaux, encore
maintenue par la loi.

Comme ordres nous possédons : 1° deux genres
de noblesse dont une à vie ou personnelle ; 2° une
classe marchande, subdivisée également en citoyens
honoraires, en marchands de première et de seconde

classe ou guilde, selon le montant du paiement fait
par eux à l'Etat pour le droit d'exercer le négoce.
Comme troisième ordre, nous avons les petits
bourgeois, les « mestchiane », et comme quatrième
les paysans.

Le clergé constitue à son tour un ordre social
distinct. Le célibat étant inconnu aux prêtres orthodoxes, cet ordre reste héréditaire.

A côté, ou plutôt en face de cette hiérarchie des
ordres, se place l'échelle mobile des classes sociales. Aux plus bas échelons, nous trouvons le prolétaire des villes et des campagnes. Puis, viennent
les paysans communistes — membres du *mir*. Un
échelon plus haut on trouve le clergé rural ayant la
jouissance de certaines terres attachées aux paroisses. En remontant, nous arrivons aux petits propriétaires des villes et des campagnes, qui se recrutent
dans l'ordre des paysans, aussi bien que dans celui
de la petite noblesse ou de la petite bourgeoisie, ou
encore dans les rangs de la bureaucratie, dont les
membres ne demandent qu'à devenir propriétaires
de biens-fonds.

Enfin, tout en haut de cette échelle mobile, nous
voyons le marchand et l'industriel enrichis, possédant des capitaux et d'anciennes terres seigneuriales et menant un train de maison auquel arrivent
difficilement, non seulement les nobles ayant gardé
leurs fortunes immobilières, mais encore les princes du sang, vivant du revenu de leurs apanages.

Ces deux hiérarchies, celle des ordres et celle

des classes, se pénètrent d'ailleurs réciproquement. Tous les jours, nous voyons des nobles descendre au rang de prolétaires ou, au contraire, monter à celui de riches industriels ou marchands. Il suffit de voir jouer une pièce de Maxime Gorki, de ce Jean Valjean littérateur, pour être mis en face de gens sans aveu qui se recrutent également parmi les nobles avariés, les fils de popes ou prêtres, les industriels mis en dérive, les bureaucrates ou les artistes sans emploi.

En contradiction complète avec cette société à base démocratique et dans laquelle le degré de fortune établit toutes les différences, la loi maintient non seulement un système d'ordres privilégiés et non privilégiés, survivance d'un passé de plus en plus lointain, mais encore des distictions purement bureaucratiques et qui ne remontent pas au-delà de Pierre le Grand, c'est-à-dire à peine aux vingt premières années du xviiie siècle.

Pour battre en brèche une organisation sociale fortement hiérarchisée, dans laquelle les descendants de familles princières, jadis règnantes, occupaient le premier rang, Pierre le Grand emprunta à l'Allemagne bureaucratique son système de conseillers auliques, conseillers d'Etat, conseillers intimes, etc. On en forma ce qu'on appelle encore de nos jours du nom de *table des rangs*. L'échelon le plus bas est occupé par les régistrateurs du collège, et le plus élevé par le chancelier impérial. Le titre d'excellence est attaché au rang de conseiller d'état actuel ainsi qu'à celui de conseiller privé.

On reconnaît le caractère bureaucratique plutôt qu'aristocratique de la société russe dans ce fait que c'est à une excellence, n'ayant même point exercé le métier des armes, que revient dans les réunions tant politiques que privées le droit de préséance sur un noble titré, qu'il soit prince, comte ou baron. Dans les réunions de noce ou d'enterrement, par exemple, ainsi que dans les projets d'alliance, on fait un cas plus grand d'une « excellence civile » que d'un nom historique tel que ceux de Kropotkine ou de Mischizky.

Cela n'empêche pas l'existence de livres héraldiques dans lesquels la noblesse titrée occupe, bien entendu, le premier rang, notamment les familles princières.

Le titre de comte est d'origine plus récente ; il ne remonte pas au-delà du xviiie siècle. Les barons ne se rencontrent que dans les provinces baltiques.

D'ailleurs les familles les plus nobles ne sont pas toujours les plus titrées. Les Scheremetiev et même les Romanov ne sont ni princes, ni comtes. Ni plus ni moins que dans toutes les despoties orientales, l'accointance journalière avec le monarque est en Russie le premier titre à la noblesse. Ce fait explique par lui-même la raison pour laquelle la place jadis occupée par la vieille noblesse moscovite revient, de nos jours, à des descendants de favoris sortis souvent des plus basses couches de la société grâce au caprice amoureux d'une impératrice ou à la fantaisie d'un empereur. Il suffit d'évoquer le souvenir du boulanger Menschikov, d'un aventurier allemand appelé Bühren, ou du meurtrier de Pierre III, simple officier d'ordonnance, Orlov, le fondateur de la dynastie des princes du même nom.

Une bonne partie de l'aristocratie pétersbourgeoise est formée par cette espèce de camarilla ; les vieilles familles remontant à la dynastie de Rurik, du fondateur légendaire de l'état russe, se retrouvent bien souvent parmi les petits employés de province ou encore à la tête du mouvement ouvrier international. Tel le fameux Pierre Kropotkine, prince d'origine et descendant de la dynastie jadis règnante en Russie et dont les Romanov, s'il en reste, ne forment qu'une branche cadette.

Par ce court exposé des divisions sociales qui existent dans notre milieu, j'ai voulu montrer à quel point il est difficile et dangereux de réduire l'origine de toutes les hiérarchies sociales, que présente tel ou tel peuple, à un seul principe, économique ou juridique. Une classification vraiment scientifique de toutes les subdivisions que comporte une société ne pourrait être faite qu'à la suite d'une série d'analyses, auxquelles se prêteraient les divers peuples, tant de l'antiquité que du moyen-âge ou de l'ère moderne. Cette étude ne devrait pas se réduire à l'analyse de l'état statique des classes sociales, mais également de leur état dynamique, c'est-à-dire du processus de leur évolution. En se plaçant à ce second point de vue, une étude des plus

intéressantes pourrait être faite sur la génèse de
nos ordres sociaux. Le sujet est trop vaste pour être
abordé ici. Je me contenterai de dire que sur plus
d'un point l'histoire des stratifications qui se sont
produites au sein du peuple russe viendrait·confir-
mer les hypothèses, émises par les érudits français
quant aux origines économiques du servage ou au
rapport intime qui existe entre l'origine de la
noblesse et l'histoire du service militaire. C'est
ainsi qu'en face du fermier insolvable devenant,
dans l'empire romain, un colon, c'est-à-dire un
homme attaché à la glèbe, se dresse le paysan libre,
mais dépourvu de moyens d'existence qui, en
Russie, afin de se procurer le capital qui lui manque
(le serebro) devient, dès le xv⁰ siècle, sous le nom
de « serebrennik », le prototype du serf ou du vilain.
D'autre part, ni plus ni moins qu'en Angleterre
avant la conquête ou dans la France mérovingienne,
l'ordre de la noblesse se recrute principalement
parmi les gens de service. C'étaient sous le roi Alfred
les thans et sous Chilpérik les antrustions. On les
appelait en Russie du nom de « sloujilii liudi » et
on les rémunérait, de même qu'en France ou en
Angleterre, par l'octroi de certaines terres en bénéfice, c'est-à-dire en usufruit. Il a fallu des siècles
pour que ces bénéfices, appelé « pomestié », devin-
sent des propriétés héréditaires, « votchini ». Ce
n'est qu'au xvⅲ⁰ siècle, sous Pierre le Grand, que
disparut toute différence entre bénéfice et propriété.

Le trait le plus saillant dans l'évolution des ordres

sociaux en Russie est l'apparition tardive du tiers-état, qui longtemps ne se distingua pas de l'ordre des paysans. Cela tient en Russie au caractère agricole de la production et à la différenciation lente des campagnes et des villes. Au xvie siècle, ces dernières se confondent encore le plus souvent avec les villages. Ce qui distingue une ville, ce n'est pas tant le caractère de centre industriel ou marchand que celui d'enceinte fortifiée. Cette dernière ne forme, d'ailleurs, que le noyau de l'agglomération urbaine. Nous le voyons entouré de tous côtés par des faubourgs, dont les habitants cultivent les terres voisines, ni plus ni moins que les paysans des communes rurales. Le même fait s'est produit, d'ailleurs, dans d'autres pays slaves et, notamment, en Pologne. Pas plus loin qu'au milieu du xviiie siècle Rousseau, consulté quant aux réformes à introduire dans la constitution de ce pays, signalait comme un fait heureux le manque d'un tiers-état indigène. La bourgeoisie des villes était composée presque exclusivement d'Allemands et de Juifs, ce qui permettait aux centres de la population urbaine de n'accepter d'autre règle de conduite que celle qui leur était dictée par les statuts des villes allemandes (plus particulièrement de Magdebourg).

Pour des raisons analogues, des raisons d'ordre économique plutôt que politique, le développement du tiers-état en Russie fut retardé de plusieurs siècles. Il s'accomplit encore de nos jours avec une rapidité de plus en plus grande en correspondance directe avec l'épanouissement de notre industrie.

Le système protecteur est un facteur important dans cette marche ascendante de la Russie vers des destinées autres que celles d'un état purement militaire et agricole.

Un changement profond s'opère au sein de cette société si hiérarchisée et sur laquelle l'Europe bureaucratique du xviii° siècle, servilement copiée par nos empereurs, a laissé une forte empreinte.

La société russe s'industrialise et se démocratise. La distinction des ordres, ainsi que des rangs bureaucratiques, ne se maintient plus que grâce à la loi. Les différences de fortune tendent de plus en plus à devenir la base des distinctions sociales. Le régime des classes prend le pas sur celui des ordres historiques. L'évolution russe se rapproche ainsi de l'évolution des sociétés occidentales. Le gentilhomme appauvri descend au rang de liquidateur social, alors que l'industriel riche remonte à celui de génie tutélaire de l'ordre établi. Rien d'étonnant, par conséquent, si dans les rangs des révolutionnaires nous constatons la présence de plus d'un gentilhomme, tandis qu'un paysan à peine dégrossi soutient volontiers de sa bourse ainsi que de son vote la politique conservatrice des policiers et des gendarmes.

CHAPITRE VII

LES PROJETS DE CONSTITUTION RUSSE PUBLIÉS A PARIS
AU PRINTEMPS DE L'ANNÉE 1905

Ce n'est qu'à condition de voir dans le mouvement constitutionnel russe la conclusion naturelle d'une longue évolution, souvent entravée par les autorités, mais jamais assez pour interrompre son cours naturel, qu'on s'explique le caractère intense que le choc des idées politiques a pris de nos jours. La vie constitutionnelle ne s'est pas encore manifestée par la réunion d'une assemblée représentative — et nous nous trouvons déjà en face de plusieurs partis, plus ou moins organisés. En dehors des deux groupes extrêmes qui se partagent la direction de la masse ouvrière, les social-démocrates et les socialistes-révolutionnaires, partis depuis longtemps éclos et dont les guerres intestines paralysent l'action efficace, des groupements se sont formés parmi les membres des assemblées de la noblesse, des zemstvos de provinces et des conseils municipaux. La bureaucratie elle-même s'est émue de cet épanouissement subit des partis et a essayé de se constituer elle-même en un certain groupement. La grande majorité des intellectuels se rattachant plus ou moins au mouvement libéral organisé par les zemstvos, a poussé son zèle réformiste jusqu'à rédiger un projet de constitution qui, le fait est curieux à noter, a paru à Paris, appelé de la sorte à jouer dans l'histoire du libéralisme russe le rôle qui revint jadis vis-à-vis du mouvement des esprits français au xviiie siècle à Amsterdam et à la Hollande. Passons rapidement en revue les principales demandes que ces divers partis, à peine constitués, adressent au pouvoir central. Je ne compte parler que de revendications plus ou moins sérieuses et sincères. L'anarchie des esprits est telle en ce moment qu'à côté de la nationalisation des terres demandée par le comte Tolstoï, on pourrait citer également une pétition collective signée par de jeunes avocats des provinces et demandant au·ministre de l'intérieur d'ériger l'empire russe en république. Nous ne tiendrons aucun compte de ces divagations qui s'expliquent, d'ailleurs, on ne peut mieux par le grand trouble des esprits, résultat nécessaire et prévu d'un despotisme ministériel ayant baillonné toute expression d'idées politiques pendant une dizaine d'années au moins, pour céder tout à coup le pas, sous la poussée de l'opinion publique et du mécontentement général, à un tolérantisme forcé de toutes les opinions, même les plus extravagantes. Ce tolérantisme, d'ailleurs, paraît être intermittent : on permet aujourd'hui ce qu'on défendra demain ; toutes les portes paraissent ouvertes, mais on continue à faire de temps en temps la chasse à ceux qui s'attardent au passage. Aussi, les journaux de caractère intransigeant ne naissent que pour disparaître à la distance de plusieurs semaines ; les meetings sont plus d'une fois dissouts et ceux qui s'y hasardent commencent par voter des ordres du jour, sans aborder la discussion, car il est facile de prévoir que la police interviendrait assez tôt pour empêcher les débats d'aboutir. Dans ces conditions, on aurait vraiment tort d'être trop exigent vis-à-vis des programmes politiques lancés par les divers partis, et leur reprocher le défaut de cohésion entre les vœux qu'ils expriment ; il est vrai que sans une pareille cohésion un programme politique et le parti qu'il représente arrivent à manquer de toute homogénéité. C'est ainsi que les maréchaux de noblesse réunis à Moscou expriment le désir de voir la prochaine assemblée représentative du pays posséder le droit d'initiative légale, du contrôle du budget et de l'interpellation des ministres ; et à côté de ces diverses demandes, ils font profession de leur profond attachement au principe de l'autocratie. A leur tour, les libéraux constitutionnels, en demandant au gouvernement toutes les garanties d'un régime parlementaire basé sur le suffrage universel, reconnaissent au tzar le droit d'appeler au ministère qui bon lui semble et de révoquer les

ministres de son plein gré. Et ce qui me frappe le
plus, c'est que le texte de la loi organique que ce
parti a élaboré déclare en même temps les ministres responsables pour la direction générale de leur
politique devant les tribunaux, lesquels, dans ce
cas, ne devront pas seulement juger, à quel point
les actes incriminés sont conformes à la loi, mais
également ce que ces actes présentent de nuisible
aux intérêts du pays (1). Il n'entre point dans mes

(1) Voici d'ailleurs le texte même des articles visés et la
défense qui en est faite par les auteurs du projet. Art. 61.
Tous les ministres conjointement sont responsables devant la
chambre représentative (le conseil de l'empire) pour la direction générale donnée à l'administration de l'Etat. — Art. 62,
2ᵉ partie. Les ministres peuvent être inculpés par chacune
des chambres non seulement pour enfreinte, de propos déli-
béré, à la loi organique de l'Etat, mais aussi pour avoir
causé un préjudice sérieux aux intérêts de l'Etat par abus
de pouvoir, ainsi que par le fait de leur inaction. Dans le
commentaire que donnent à ces articles les auteurs du projet,
nous lisons, non sans étonnement, les déclarations suivantes :
La responsabilité politique devant les chambres qui existe
dans les pays de régime parlementaire ne peut être admise en
Russie ; il est d'autant plus nécessaire d'accorder à chacune
des deux chambres le droit d'accuser des ministres ; ces
derniers sont responsables non seulement dans le cas d'enfreinte à la constitution ou aux lois, mais aussi en cas d'atteinte
sérieuse aux intérêts de l'Etat. Et le commentateur ajoute qu'il
n'est pas nécessaire que cette atteinte coïncide avec une infraction à la loi. Le ou les auteurs de ce commentaire poussent leur
optimisme naïf jusqu'à dire : Le caractère indéterminé de cette
dernière sentence ne doit effaroucher personne. Et pourquoi
pas, s'il vous plait ? Est-ce parceque l'histoire constitutionnelle
du peuple anglais témoigne de l'impossibilité d'éliminer tout
arbitraire dans la lutte des partis au parlement, lutte dont plus

intentions de relever ici les diverses inconséquen-
ces dont se sont rendus coupables les auteurs des
projets de constitution qui circulent à cette heure
en Russie. Je tiens à en détacher quelques traits
qui, à mon avis, établissent on ne peut mieux le
caractère démocratique que porte l'ensemble du
mouvement libéral russe. Exception faite de la
minorité de grands seigneurs et de hauts fonctionnaires qui rêvent de maintenir la distinction des
ordres et d'accorder une représentation indépendante aux nobles, aux paysans et aux membres
du tiers-état, les réformateurs russes, tant ceux qui
demandent le maintien de l'autocratie que ceux
qui se prononcent en faveur du régime constitutionnel, préconisent le système de la représentation de l'ensemble des habitants, sans distinction
de classes et de professions. Les uns, tel le parti
Chipoff, désirent former l'assemblée nationale des
délégués des conseils généraux et des conseils
municipaux. Les autres, et tel est le cas de la
majorité du parti constitutionnel russe, mettent
à la base des institutions représentatives, tant

d'une fois le ministère devient la victime, autrement qu'en
établissant la responsabilité politique des ministres devant les
chambres ? Qu'on se souvienne du rôle joué par la poursuite
d'un ministre pour crime non prévu par la loi dans le cas de
lord Stafford et généralement dans ceux où le parlement a fait
passer un acte législatif (le bill of attainder) pour reconnaître
le caractère de crime à tel ou tel agissement ministériel, et
condamner l'inculpé en conformité de cette nouvelle loi votée
ad hoc.

centrales que locales, le suffrage universel. Ce
dernier fait doit surtout frapper les esprits en
France, où on s'est habitué à parler de la Russie
comme d'un pays tout aussi aristocratique que
despotique. Les deux termes pourtant ne sont pas
faits pour être placés côte à côte. Depuis Montesquieu, l'impossibilité de tout accord entre le
pouvoir despotique et l'aristocratie est généralement reconnue, et le fait que dans les pays orien-
taux, à commencer par la Turquie, toutes les têtes
se baissent devant l'autocrate, n'est pas de nature
à suggérer l'idée de l'existence dans l'empire des
tzars d'une noblesse tirant son influence d'une
autre source que celle de la faveur impériale. Placés sur un rang égal par l'arbitraire administratif,
rapprochés par la haine commune des institutions
et de la bureaucratie qui les dirige, les Russes se
sont laissés envahir par les idées de droit naturel
et par cet optimisme qui poussait les penseurs du
xviiie siècle à reconnaître à l'homme, comme tel,
les qualités de cœur et d'esprit que ne peut lui donner qu'une éducation rationnelle. La distinction que
les publicistes français, depuis Benjamin Constant,
établissent entre les droits publics, communs à
tous, et les droits politiques ou la participation
directe au pouvoir reconnus exclusivement aux
esprits vraiment cultivés, passe aux yeux de la
jeune génération russe pour un de ces préjugés
invétérés et insipides dont elle ne doit tenir aucun
compte. L'idée du gouvernement représentatif

comme de celui qui procure au pays le moyen d'être régi par ce qu'il a de meilleur et de plus instruit, idée qui inspira en Angleterre les créateurs mêmes de ce régime, est reléguée par nos libéraux dans le musée d'antiquités juridiques remontant à des âges antédiluviens. Le droit de vote passe à leurs yeux pour être de même nature que la liberté de conscience ou la liberté individuelle. Ils prétendent qu'il est inhérent à la nature humaine et qu'on n'a pas besoin de savoir quelque chose pour disposer de « sa voix » d'une façon consciente.

D'ailleurs, dans un pays où, grâce à la possession collective du sol une énorme majorité est composée de propriétaires fonciers, propriétaires individuels ou collectifs, il serait vraiment difficile d'attacher le vote à la possession d'un certain cens. Mais il n'en est guère ainsi quand il s'agit de demander à l'électeur russe, ainsi que cela se pratique en Italie, d'être au moins lettré. On se demande ce qu'il adviendrait de la péninsule appenine si le droit de vote était accordé aux illettrés, car il ne faut point perdre de vue qu'il existe en Italie au moins deux pays fort distincts : le nord et le sud, le nord lettré et depuis longtemps initié au régime de liberté, et le sud, à peine sorti des mains des prêtres et des bureaux et, pour cela même, ignorant et illettré. Or, de ces deux parties, la plus vaste est certainement celle que présente l'ancien royaume des deux Siciles et le domaine du pape. Cela suffit pour arrê-

ter en Italie le mouvement en faveur du suffrage
universel, mouvement qui, sur la péninsule appenine, paraîtrait certainement tout aussi naturel que
dans n'importe quel autre pays de l'Europe. Nos
réformateurs ne se rendent point compte du danger qui les attend et de la possibilité de raffermir le
pouvoir autocratique par ce vote universel, direct
et secret qu'ils préconisent dans leurs projets de
constitution. Il est certain qu'un pareil vote permettra aux ouvriers d'exprimer leurs désirs en
toute franchise, sans crainte de renvoi de la part
de l'entrepreneur ; mais les ouvriers forment à
peine 3.000.000 sur une population de 130.000.000,
composée en majeure partie de paysans collectivistes, soumis depuis un bon nombre d'années à
la direction d'un agent du gouvernement central,
connu sous le nom de *zemski natchalnik*. En dehors
de cette influence, ils subissent également celle du
pope, un autre agent gouvernemental, le même
qui, de nos jours a fait répendre dans les campagnes des faux bruits sur l'influence que l'or japonais exerce sur le mouvement des esprits parmi les
classes éclairées. Notons encore le rôle prépondérant que jouent au sein du *mir* les enrichis et l'éloi-
gnement voulu dans lequel l'ancien seigneur a été
tenu par la loi de toute participation aux affaires
communales. Pour contrebalancer l'influence des
forces réactionnaires au sein de campagnes éloignées de tout centre urbain, on ne peut compter,
par conséquent, que sur le maître d'école ; mais ce

dernier lui-même n'est plus d'une fois qu'un autre
agent du gouvernement et plus particulièrement un
associé et un client du pape ; car, à côté des écoles
laïques, nous possédons un grand nombre d'écoles
ecclésiastiques. Ces écoles dont plus d'une n'existe
que sur le papier sont surtout répandues dans les
provinces qui ne possèdent pas de conseils généraux électifs ou zemstvos, ces derniers ayant été les
principaux foyers de la diffusion de l'enseignement
primaire laïque.

Pendant que j'écris ces lignes il m'arrive un
numéro du *Temps*, celui du jeudi 4 mai 1905, contenant un article d'un des Français les mieux versés dans les questions de la vie intérieure russe.
L'écrivain ne s'étant pas nommé, je ne me crois
autorisé à en parler que comme d'une personne
ayant fait plus d'un voyage dans l'empire des tzar
et en pleine possession de la langue du pays. Il
commence sa correspondance en disant : « Quels
sont les causes des troubles agraires ? Telle est la
question qui se débat de tous côtés et sur laquelle
chacun veut dire son mot. Comme on me fait
l'honneur, même ici, de me demander mon avis,
en raison de l'enquête que j'ai poursuivi sur place,
je demande la permission d'entrer dans quelques
détails ». Cela dit, le correspondant du *Temps*
met quatre colonnes à nous expliquer tout au long
les diverses causes qui ont déterminé le soulèvement
agraire. Cela faisant, il arrive à relever, entre
autres détails, les suivants. « Dans les villages dont

je vous ai décrit les exploits il paraît qu'un de ces
« samozvantzi », ce qui veut dire à peu près usur-
pateurs, qui se montrent si fréquemment en Russie,
s'est donné pour le général Stœssel, envoyé par
l'empereur pour dire aux paysans qu'il les autorisait, vu leur misère, de prendre du blé dans les gre-
niers des propriétaires environnants. Ailleurs, pour
appuyer une légende qui a cours dans la région
volgienne et d'après laquelle le tzar aurait donné
aux paysans une de ses oreilles en gage de sa promesse d'octroyer des terres, on distribue des por-
traits du tzar ésorillé. Ailleurs encore, dans un
domaine nommé Glomazdino (Koursk), on a trouvé
sur la lisière d'une forêt du propriétaire des écri-
teaux portant en lettres noires ces mots : « Il est permis aux paysans d'abattre cette forêt », et, en lettres
d'or, la signature : Nicolas II. Par contre, dans
d'autres endroits, écrit le même correspondant, les
paysans tombent à bras raccourcis sur les agitateurs, ou bien roulent du tabac dans le papier des
proclamations socialistes qu'on leur distribue ».
Ceci n'est pas fait pour surprendre ceux qui, comme
moi, ont eu l'occasion d'entrer en rapports directs
avec les paysans d'une province russe qui est loin
de passer pour la moins éclairée. A la distance de
25 kilomètres d'une cité marchande et possédant
une population de plus de 100.000 âmes (j'entends
parler de Kharkoff), des paysans d'un de ces villages
monstres qu'on appelle « sloboda », villages de
10.000 âmes, sont « venus me demander mon avis

sur la question que voici : des émissaires venus
des fins fonds de la Sibérie pour raccoler de nouveaux colons leur avaient fait entendre que la vigne
portait d'abondants fruits dans le gouvernement de
Tobolsk. Quelques chefs de familles avaient pris
là-dessus la décision de vendre tout ce qu'ils possédaient pour s'engager ensuite dans un voyage de
plusieurs mois. Seulement des doutes surgissant
tout à coup dans l'esprit d'un d'entre eux, ils
avaient décidé de causer avec moi avant de partir.
« Tu voyages beaucoup et tu as vu bien des pays,
me dit le plus âgé d'entre eux, dis-moi sur ton âme
et conscience si le raisin mûrit en Sibérie ». Le village en question possède cinq écoles ; tous ceux qui
l'habitent ont eu plus d'une fois l'occasion de se
rendre en ville, et néanmoins il fallait l'arrivée
d'un voisin lettré pour leur apprendre que le raisin
ne mûrissait pas en Sibérie et qu'ils ont été la
dupe d'émissaires payés. Il faut être vraiment
entièrement détaché de tous rapports avec la vie
réelle de nos campagnes pour sacrifier au principe
de l'égalité l'évidence même et préparer volontairement notre propre défaite par excès d'idéologie. Les
auteurs du texte constitutionnel que j'analyse poussent leur ingénuité jusqu'à doter du droit de vote
les indigènes du Caucase et de la Sibérie. Et pourtant ils sont les premiers à émettre des craintes
quant à la possibilité d'actes comme les suivants :
« Il est probable qu'on emploira des moyens illicites
pour influencer les électeurs par la crainte ou par

d'autres moyens à la disposition des autorités »
(p. 75). Mais alors pourquoi ces autorités ne dirige-
raient-elles pas sciemment ces mêmes moyens contre les personnes incapables de faire usage de leur
vote en connaissance de cause ? Pourquoi les agents
administratifs ne deviendraient-ils point les colpor-
teurs de faux bruits, d'accusations non-fondées
contre les adversaires de l'autorité, pourquoi ne
feraient-ils pas miroiter, au besoin, des écrits en
lettres d'or ou portant le cachet impérial, à des
gens incapables de déchiffrer ce qu'on leur montre et enclins à croire que l'écriture dorée est propre à l'empereur ? Cela paraît l'évidence même, et
il faut vraiment avoir affaire à des esprits imbus de
l'idée que le triomphe du principe suffit à tout, pour
se voir réduit à la triste nécessité de déclarer qu'une
personne ne sachant ni lire ni écrire n'est pas plus
autorisée à émettre un vote que tel ou tel individu
condamné par une cour d'assises. Car ce qui fait la
force et la portée d'un acte, c'est la conscience de
son agent ; or, il est vraiment difficile de demander
à un Iakoute ou à Tchouktchi, ou à un Svanète
de se prononcer, en connaissance de cause, sur la
question de savoir s'il vaut mieux maintenir en
Russie la possession collective du sol ou passer au
partage définitif des communaux.

Le même souci de l'égalité, poussée à sa dernière expression, détermine les auteurs du document que j'analyse à ne point exiger des électeurs
un séjour plus ou moins prolongé dans la localité où

ils sont appelés à exercer leur droit de vote. Ainsi, les
autorités pourront mobiliser « les bandes noires »,
afin de déterminer le vote des capitales, ou des villes manufacturières, dans un sens favorable à leur
propre programme. Cette faute, au moins, a été
éliminée d'un autre projet de constitution, composé, celui-ci, par des hommes ayant la pratique
des assemblées représentatives (on attribue ce
projet à un sénateur finlandais). Son ou ses
auteurs demandent une année de résidence pour
ceux qui seront admis au vote ; ce n'est pas être
fort exigent, mais cette garantie seule suffirait
pour rendre impossible la mobilisation des troupes
dirigées par le parti réactionnaire.

Dans un pays où les intellectuels sont loin de
former le nombre, on serait porté à croire que les
libéraux exprimeraient le désir de faire des députés non les représentants des intérêts du clocher,
mais les interprètes des besoins du pays tout entier.
Si le scrutin de liste s'impose quelque part, c'est
certainement dans un état où les 3/5 de la population sont des paysans. Les auteurs du projet cher
au parti démocratique ne se sont point préoccupés
de cette question qui, à leurs yeux, passe pour un
détail. Le souci de l'égalité les a portés en même
temps à donner pour assises à la seconde Chambre,
celle des délégués des conseils généraux et des
conseils municipaux, le même suffrage universel et
à recommander un renversement complet du système de représentation locale qui, au lieu d'être

celle des divers modes de propriété, propriété collective des paysans-membres du *mir*, propriété individuelle tant immobilière que mobilière des autres classes rurales, ainsi que de la classe urbaine, deviendrait la représentation intégrale de tous les habitants de la province ou de la ville. De la sorte, deux assemblées sorties du même suffrage universel seraient appelées à exercer les mêmes pouvoirs et ne feraient, par conséquent, que double emploi. Il est certain que la seconde Chambre pourrait avoir sa raison d'être en Russie, si on en faisait l'interprète des intérêts distincts, non de ces unités administratives qu'on appelle gouvernements, mais de vastes régions ayant des intérêts économiques et nationaux particuliers. Le projet constitutionnel qu'on attribue à des membres de la Diète finlandaise se rend compte de cette nécessité. Je constate avec plaisir que la Chambre des anciens s'y présente comme la réunion des délégués des conseils représentatifs de vastes régions, de municipalités, de corps scientifiques tels que l'académie des sciences et les universités, de corps judiciaires et même de la grande assemblée collégiale, administrative et judiciaire, qu'on appelle en Russie le Sénat. On ne saurait trop faire pour augmenter dans mon pays la sauvegarde d'intérêts d'ordre supérieur : de la haute administration et de la haute justice, de la science et des arts.

Mais en face de pareils vœux se dressent d'autres, plus puissants et plus en correspondance avec l'engouement égalitaire qui s'est emparé des esprits. Plus d'un démocrate russe se prononce en faveur d'une Chambre unique, pareille à celle de la Bulgarie, de la Serbie ou encore de la Grèce. On se demande quel serait le pouvoir effectif de cette Chambre n'ayant point de garde nationale à sa disposition et placée en face d'un pouvoir s'appuyant sur une armée de 2.000.000 de soldats, sur un corps bureaucratique et policier entièrement mis sous ses ordres. La représentation des Conseils généraux, municipaux, universitaires, ainsi que des grands corps administratifs et judiciaires de l'état, représentation à laquelle doit se réduire la composition de la seconde Chambre, pourrait, dans de pareilles conditions, non diminuer, mais augmenter le pouvoir de l'Assemblée nationale : la Chambre haute serait appelée à jouer le rôle d'intermédiaire entre le tzar tout puissant et cette représentation de paysans et de citadins qu'un exemple récent, celui de la Turquie à l'époque qui suivit la chute de Midhat-pacha, nous montre impuissante à résister à une recrudescence de l'esprit autocratique.

Je ne voudrais point insister sur les dangers que présente le doctrinarisme égalitaire dont font preuve nos constituants, jusqu'ici heureusement dans le seul domaine de la théorie. Je tiens à noter un autre caractère des projets de loi organique sur lesquels j'ai eu l'occasion de jeter les yeux. Tous

8.

ceux qui sont favorables à la réforme de nos institutions, qu'ils soient constitutionnalistes ou partisans de l'autocratie, se prononcent en faveur de la
reconnaissance immédiate de ce qu'on a nommé en
France les libertés nécessaires. Rien d'étonnant à
cela, car tous ont également souffert de l'arbitraire administratif, du despotisme ministériel
dont M. Plehve a été, naguère encore, l'interprète
le plus conséquent. Tous ont compris, à leurs propres risques et périls, que ces libertés nécessaires
ne pouvaient être assurées qu'à une condition : celle
d'établir la légalité, celle de faire des cours judiciaires les seuls arbitres des démêlés du public avec
les agents du pouvoir. C'est là ce qu'on a appelé
le système anglais, système inauguré encore par
la Grande Charte et qui devint une réalité depuis
le statut de *habeas corpus*, statut de Charles II.
Aussi une haute cour, établie sur l'exemple de
celle d'Amérique et appelée à défendre la constitution contre les enfreintes dont elle pourrait
devenir l'objet de la part des législateurs eux-
mêmes, couronne, dans nos projets constitutionnels toute une hiérarchie de tribunaux ordinaires,
appelés à juger tant gouvernés, que gouvernants et
chargés de la sorte à exercer de pair les fonctions
de juges ordinaires et de juges administratifs. Sur
l'exemple de l'Amérique, on attribue aux particuliers le droit de provoquer l'intervention du su-
prème tribunal par une plainte ayant pour objet le
caractère inconstitutionnel de telle ou telle loi.

Quelques critiques constatent, non sans raison, que le russe est encore trop pénétré de l'omnipotence des autorités pour leur intenter un procès et que, pour cette raison, on ferait bien d'accorder le droit de poursuite non seulement aux individus, mais aussi à des corps constitués. Je ne puis entrer dans l'exposé d'autres questions d'ordre constitutionnel qu'agitent les programmes de nos partis politiques. Tous ces détails disparaissent devant le fait que les principes d'égalité et de légalité sont ceux au triomphe desquels aspirent nos réformateurs. Cela suffit à établir que le mouvement libéral qui se produit en Russie est en même temps un mouvement essentiellement démocratique.

CHAPITRE VIII

Au nombre des phénomènes imprévus qui se sont produits en Russie durant les deux derniers hivers, il en est un dont on ne trouve rien d'approchant dans toute l'histoire des révolutions, sans parler de celle des émeutes. La jeunesse de nos écoles supérieures a pris la ferme décision de ne plus suivre les cours des universités et des écoles techniques, de ne point travailler dans les laboratoires, ni disséquer de cadavres, de s'abstenir de tout service dans les cliniques — en un mot de supprimer de fait toute activité tant scientifique que pédagogique. Les professeurs, au lieu de protester contre une pareille attitude, remettent de leur propre initiative, leurs prochaines leçons, sinon aux calendes grecques, du moins au prochain semestre. Les ministres, après avoir annoncé, par la voix des journaux, leur ferme intention de traiter les élèves récalcitrants comme des instigateurs d'émeutes et de les incorporer de force dans les bataillons disciplinaires,

s'abstiennent de toute mesure violente. La sainte
Russie reste, de la sorte, plongée dans l'ignorance,
au plus grand profit, les uns disent de la révolution,
les autres, et je suis de ce nombre, de l'autocratie
et du régime bureaucratique. La grève des écoles,
tel est le nom que les journalistes des deux mondes
emploient pour indiquer cette entente muette de
ceux qui enseignent et de ceux qui sont appelés à
profiter de leur enseignement, entente qui aboutit
à un *far-niente* général ; on ne peut même pas lui
attacher le qualificatif italien de *dolce*, car professeurs et étudiants vivent dans le même état de ner-
vosité fébrile, attendant, du jour au lendemain,
l'arrivée d'un nouvel ordre de choses qui permet-
trait à chacun de reprendre son travail. Ce nouvel
ordre de choses tarde pourtant à venir et, les com-
mérages remplaçant les discussions scientifiques,
des conversations sans fin et dans lesquelles les
Russes sont passés maîtres, occupent les soirées,
pour ne pas dire les nuits, de ces désœuvrés ; pendant ce temps, la Russie, déjà si pauvre en « intellectuels », recule de plus en plus dans le domaine
du savoir. Il est probable qu'un étranger, mis au
courant de pareils faits, ne trouvera pas une parole
d'excuse pour l'attitude de ceux qui en sont les
auteurs. « Demandez-vous ce que serait devenue la
France, me disait l'autre jour un des professeurs du
haut enseignement à Paris, dans le cas où, à partir
de 1789, les écoles supérieures eussent interrompu
leurs cours et leurs travaux de laboratoire, en atten-

dant la fin de la révolution ? Quelle insanité que de parler de la grève des écoles ! Les étudiants se croient-ils des ouvriers et les professeurs passent-ils à leurs yeux pour des patrons et des entrepreneurs ? Croyez-moi, me disait mon interlocuteur, au fond de tout cela il y a la paresse intellectuelle du Slave, cette même paresse qui fait que les jeunes gens sortis de vos lycées sont incapables de suivre, sans autre préparation, les cours de mathématiques et de physique enseignés dans nos Facultés. Aussi suis-je peu partisan de les voir arriver en nombre à Paris, et votre idée de les attirer en France par des cours faits en russe me paraît, franchement parlant, une idée malheureuse. Il leur faut la « petite science » ; que ne vont-ils la chercher à Bruxelles ou à Lausanne ? »

J'étais, naturellement, irrité par ces propos et ne demandais qu'à battre en brèche l'argumentation qui m'était présentée. Mais j'avais beau insister sur la situation faite à nos étudiants par la police et les rigueurs administratives de toute sorte qui les menacent pour les moindres infractions à la discipline universitaire ; mon antagoniste me répondait en disant que la police sait maintenir l'ordre dans les rues, à Paris ni plus ni moins qu'à Pétersbourg, même quand elle se trouve en face de monomes d'étudiants ; que tous les préfets de police se valent et qu'après tout l'ordre a ses exigences et la patience des autorités ses limites.

Je suis resté confondu et, pour me disculper, il

ne me reste plus qu'à entretenir le public français
des conditions tout à fait exceptionnelles dans lesquelles se trouve placé l'étudiant de nos écoles et
qui, seules, peuvent expliquer, sinon excuser, l'attitude de nos universités dans la crise actuelle.
L'étudiant russe, contrairement à ce qui a lieu en
France, appartient, en majeure partie, à des familles
peu aisées. La haute bureaucratie fait élever ses
enfants dans des écoles fermées, telles l'Ecole de
jurisprudence à Pétersbourg, le Lycée impérial,
l'Ecole des pages, etc. L'étudiant russe ne vit pas
toujours aux frais de sa famille : il gagne pénible-
ment son existence en donnant des leçons et en
préparant des élèves pour les lycées. Forcé de courir le cachet une bonne partie de la journée, il est
réduit à mener une existence qui, au point de vue
matériel, le différencie fort peu de l'ouvrier des
usines. Son dur labeur l'autorise à se considérer
comme un prolétaire dont les intérêts sont plus ou
moins identiques à ceux de tous les travailleurs et
qui, par conséquent, est appelé à marcher à côté,
ou plutôt en tête de ces derniers, dans la revendication de tous les droits qui leur manquent. On aura
beau chercher ailleurs l'explication de cette entente
cordiale qui s'est établie entre l'étudiant russe et
l'ouvrier ; tout ce qui a été dit quant à l'influence
exercée par les syndicats socialistes de Berlin sur
l'organisation de la classe ouvrière russe est de pure
invention : le rôle d'initiateur dans cette voie
appartient de droit à l'intellectuel russe qui, je le

répète, est lui même un prolétaire, plus d'une fois sorti du sein des familles ouvrières et leur revenant, à la distance de plusieurs années d'études, le plus souvent sans diplôme, en qualité de meneur traqué par la police et se solidarisant d'autant plus volontiers avec toutes les revendications sociales et socialistes.

L'étudiant russe, contrairement à l'avis de mon interlocuteur français, malgré sa pauvreté et le besoin d'assurer sa vie par un travail quotidien, est, sinon attaché à ses études, du moins fort curieux de choses scientifiques de tout ordre ; il est bien moins enclin à se choisir une spécialité que ne le sont à Paris les élèves en médecine ou en droit ; les questions d'ordre économique et politique le préoccupent à juste titre. Dans un pays où la censure est toute puissante et où, par conséquent, le lecteur est forcé de lire entre les lignes et de chercher la vérité sous le symbole, la lecture des romans, des contes et des récits, s'impose à un point de vue tout autre que celui de l'esthète. Les étudiants de nos écoles sont, pour cette raison, fort avides de littérature ; ils suivent également, avec un intérêt soutenu, tout ce qui se publie sur l'histoire contemporaine des peuples de l'Occident, car c'est là le seul moyen d'arriver à la connaissance de conditions autres que celles qui sont faites aux Russes par le régime actuel, tant économique que politique. Les lecteurs d'une revue française ne se font pas une juste idée de la quantité d'heures qu'exige le dépouil-

lement d'un de ces grands recueils de romans et de
récits, de pièces de théâtre et de poésies, d'articles
de critique, de monographies scientifiques, historiques et statistiques, que contient un périodique
russe de 600 à 700 pages in-8°. Les étudiants se le
passent de main en main, après avoir consacré des
nuits entières à le dévorer. Toutes les idées nouvelles, dont un enseignement fort contrôlé en haut
lieu les tient plus ou moins à l'écart, leur viennent
de la lecture de ces périodiques. Et c'est imbus des
idées qu'ils représentent et dont le point de départ
a été Paris, Berlin ou Londres, qu'ils se rendent
aux cours universitaires dont le but avéré est de préparer au tzar de bons serviteurs dévoués à l'autocratie et à l'orthodoxie et possédant, en même temps,
la connaissance des dernières applications technique de la science universelle. Le professeur, désireux
de conserver sa chaire et dont l'enseignement est
généralement dirigé par cette haute préoccupation,
trouve devant lui un public composé non d'auditeurs
qui s'attachent à sa parole, mais de critiques très
soupçonneux et plutôt enclins à la médisance. Aussi,
à quelques exceptions près, les cours sont généralement peu suivis ; la préoccupation des examens est
le seul motif qui ramène les étudiants aux cahiers
de notes prises par le petit nombre de leurs camarades assez malins pour comprendre le profit matériel qu'on peut tirer en vendant, souvent fort cher,
la reproduction lithographiée ou imprimée du
résumé des leçons. Comme les sommités du per-

sonnel enseignant professent en même temps dans trois ou quatre écoles supérieures, ils ont pris l'habitude peu recommandable de reproduire d'année en année les mêmes cours. Les progrès du savoir n'étant relativement que fort lents, on identifie en Russie l'enseignement systématique et intégral de la science avec la reproduction exacte, pendant une trentaine d'années, des mêmes thèses et souvent des mêmes traits d'esprit.

Ceci une fois admis, on s'explique le peu d'entrain que les étudiants montrent à suivre les leçons qu'on leur fait, et la raison pour laquelle ils ne se préoccupent de l'activité pédagogique de leurs maîtres qu'à la veille d'un examen. Un lecteur français pourra saisir, de la sorte, la grande ressemblance que présente en Russie l'attitude d'un étudiant assidu aux cours avec celle d'un bon petit employé soucieux de ne point manquer aux heures du bureau. Cet étudiant « laborieux » et ne faisant entrer dans sa cervelle que ce que le professeur voudra bien y mettre est un oiseau fort rare. Les élèves les plus scrupuleux dans l'accomplissement de leurs devoirs ne sont pas les plus instruits et les plus développés; plus d'un camarade les traite de haut en bas, et si, aux examens d'état, ils finissent par recevoir de bonnes notes, c'est plutôt comme rémunération de leur zèle qu'en reconnaissance des heureux résultats atteints par leur application.

La vie intérieure d'un bureau suppose nécessairement l'existence d'un règlement et d'un con-

trôle exercé par des agents nommés à cette fin.
Rien de cela ne manque à nos universités. A côté
du recteur et du sous-recteur, nous avons tout
un corps d'inspecteurs et de sous-inspecteurs,
auxquels sont soumis des espèces de concierges ou
« pedels » recrutés parmi les soldats retraités et à
qui on demande le même genre de service que les
inquisiteurs de Venise attendaient de leurs *confi-
denti*, terme que la langue française, dans sa pauvreté, ne traduit que par celui de mouchards. Dès
l'instant où l'étudiant a fait son apparition dans les
classes et qu'il a déposé son pardessus dans l'anti-
chambre, il tombe sous la surveillance des concierges, des sous-inspecteurs, de l'inspecteur, du
sous-recteur, du recteur, enfin du curateur et du
ministre de l'Instruction publique. Manque-t-il des
boutons à son pardessus et cette pécadille n'est-
elle pas expiée par un pourboire exceptionnel offert
au concierge, l'étudiant court le risque de se voir
adresser des « observations » plus ou moins dures
de la part du sous-inspecteur ; ces observations
ont-elles provoqué quelque remarque désobligeante
ou sarcastique de la part de celui à qui elles sont
adressées, l'officier ministériel aura le droit de porter plainte à son supérieur ; ce dernier sévira avec
plus ou moins de rigueur et enverra le coupable
passer des heures dans une espèce de cachot universitaire qu'on appelle le « carzer ». Imbu d'idées
égalitaires, l'étudiant ainsi poursuivi pourra manquer d'égards vis-à-vis de la « haute noblesse » et

souvent même de « l'excellence » qui remplit les devoirs d'inspecteur. Dans ce cas son délit peut aisément dégénérer en crime politique.

On réunira le tribunal des doyens, et ces derniers, par crainte de manquer d'égards vis-à-vis d'un officier de l'Etat, s'abstiendront de contrôler les dires de l'inspecteur par ceux de l'étudiant (1). On a vu des cas où des inculpés de cet ordre furent condamnés sans citation préalable et même à un moment où ils étaient à 500 lieues de l'endroit où siégeait le tribunal. Si on me demandait des preuves, je n'aurai pas de peine à évoquer le souvenir d'étudiants exclus par ce tribunal de professeurs pour avoir pris part à une réunion illicite dans l'enceinte universitaire, alors qu'ils se trou-

---

(1) Je lis dans une demande adressée par un groupe de professeurs de l'Université de Moscou au ministre Bogolépov, leur ancien collègue, le passage que voici :

« L'inspecteur siège dans ce tribunal à côté du recteur, des doyens des facultés et des juges élus dans le corps enseignant. Les jugements sont prononcés en se conformant aux déclarations faites par l'inspecteur qui, de la sorte, est en même temps juge et partie. L'inspecteur lui-même est forcé de recourir dans ses témoignages aux notes qui lui ont été communiquées par les pedels ou concierges (le nom qu'elles portent en Russie est « listes de conduite » (konduitivnii spiski). « L'acte d'accusation, disent les pétitionnaires, est souvent confondu avec la sentence. Contrairement à ce qui a lieu dans tous les tribunaux, même militaires, l'inculpé n'est pas entendu, souvent même il n'est pas convoqué. Il ne peut ni établir son alibi, ni apporter des témoignages en sa faveur ». (Lettre collective de quelques professeurs de Moscou au ministre de l'Instruction publique, année 1899).

vaient à vingt heures de chemin de fer du local où
cette réunion avait eu lieu. Des actes d'une grande
brutalité, tel que celui d'envoyer des giffles à l'inspecteur, ont eu pour point de départ le manque de
boutons aux pardessus ou d'une cocarde au couvre-
chef. L'année même où je fus contraint de quitter
l'enseignement à Moscou, l'inspecteur de cette université fut maltraité de la sorte par un étudiant,
à qui il avait grossièrement reproché, en pleine
rue, devant des témoins, la tenue négligée dans
laquelle il s'était présenté aux cours. L'étudiant
fut envoyé dans une enceinte fortifiée, et l'inspecteur mourut dans un état d'aliénation mentale à
quelques mois de là. Si le manque de boutons peut
avoir des fins si tragiques, il est facile de comprendre à quoi aboutissent les incartades faites par
les étudiants au cours de tel ou tel professeur peu
populaire, ou encore les tentatives de se réunir
pour causer d'intérêts universitaires communs,
intérêts qui, malheureusement, se rattachent trop
à la politique générale du pays, pour ne pas dégénérer, aux yeux du gouvernement, en un meeting
de protestation.

Jugez, après cela, de l'effet que doit produire un
monome d'étudiants, surtout s'il a eu la male-
chance de prendre la direction du palais impérial.
Ceux qui firent leurs études à Pétersbourg en l'année 1899 savent qu'il s'agit ici d'un fait qui amena
un conflit avec un corps de police à cheval, conflit
dans lequel il y eut plusieurs blessés. La brutalité

montrée par les agents provoqua une telle irri-
tation dans le monde des écoles supérieures que,
d'abord les étudiants de l'Université, puis ceux de
l'Institut de technologie et de l'Institut philologique,
décidèrent de ne plus se rendre aux cours, et,
pour un temps, tout enseignement cessa d'abord
à Pétersbourg, puis à Moscou, à Kieff, Kharkoff,
Riga, Kazan et Dorpat. Car les élèves de toutes les
hautes écoles en Russie se considérèrent, non sans
raison, comme atteints dans la personne de leurs
camarades de Pétersbourg. Le gouvernement qui,
pour la première fois, se trouva en face d'une
pareille grève des écoles, voulut la traiter comme
un manque de discipline militaire. On décida en
haut lieu, sur la demande du comte Witte, d'envoyer les étudiants dans les corps d'armée. Le ministre de la Guerre, qui n'était autre que le général
Kouropatkine, eut beau protester en déclarant que
le service militaire ne gagnerait rien à être considéré comme un châtiment ; on ne tint aucun compte
de ses observations, et la fermentation des esprits
occasionnée par ce retour à la politique de caserne,
politique inaugurée sous le règne de Nicolas Iᵉʳ,
finit par gagner plus ou moins toutes les classes de
la société qui se voyaient atteintes dans la personne de leurs fils.

L'année suivante, à l'occasion d'un nouveau
mouvement universitaire, dont le foyer, cette fois,
fut Kieff, les mesures dont je viens de parler furent
appliquées à 183 étudiants et, d'autres universités

s'étant solidarisées avec celle de Kieff, la même menace fut suspendue sur la tête des élèves de l'Université de Moscou et des hautes écoles de Pétersbourg. Cette fois l'opinion publique européenne, mise en éveil par quelques intellectuels russes, se prononça énergiquement contre un pareil procédé. M. Lavisse, notamment, exprima, en réponse à un questionnaire qui lui fut envoyé par le professeur Lapicque, les idées que voici : « Les nouvelles de Kieff sont terribles ; j'ai le cœur serré en pensant à ces jeunes gens dont la vie est brisée, à leurs familles, à leurs maîtres aussi, car les maîtres doivent se sentir atteints dans leur dignité professionnelle et dans leurs sentiments à l'égard de leurs fils intellectuels, les étudiants... Des manifestations tapageuses d'étudiants, nous en avons assez souvent en France, mais nous les réprimons nous-mêmes, par nos agents universitaires, par notre juridiction universitaire, et très doucement toujours. Nous savons qu'il faut que jeunesse se passe et qu'il y aurait une disproportion énorme entre la faute commise et le châtiment, si celui-ci compromettait l'avenir d'un seul de nos étudiants. L'Université, où se fait de professeurs à élèves la transmission de la science, doit être une famille qui ait conscience d'elle-même et se régisse par sa propre discipline. Son indépendance intellectuelle qui est la condition même de la vie scientifique est à ce prix. Il ne faut pas que notre porte s'ouvre aux gendarmes. Je croyais que c'étaient là des maximes admises dans tous les pays qui ont des universités (1) ».

Les paroles que je viens de citer font allusion à un fait énorme qui venait de se produire dans l'enceinte de l'Université de Kieff. Le 7 décembre 1900, à la suite d'un meeting de protestation organisé par les étudiants, l'Université, à 7 h. 1/2 du soir, se vit cernée par les cosaques, les soldats et les gendarmes ; le général commandant du corps de ces derniers se présenta devant les étudiants, et dans un discours plein de menaces prononça ces paroles mémorables : « Monsieur le recteur m'a remis ses pouvoirs. A l'heure qu'il est, c'est moi qui suis votre recteur (2) ».

Rien d'étonnant si, ces faits une fois dévoilés, les professeurs des diverses Facultés de France, d'Italie, d'Angleterre et de Belgique, furent unanimes à désapprouver la conduite des autorités russes. Je détache d'une adresse collective, envoyée par une centaine de professeurs anglais à leurs collègues de France, les paroles que voici : « Nous tenons à protester de la manière la plus nette contre l'introduction dans les universités russes de soldats et d'agents de police, chargés de procéder contre les étudiants dans des questions qui ne

(1) V. *Sentiment des professeurs français sur les troubles universitaires de Russie,* mars 1901.

(2) V. la brochure intitulée : *Les étudiants russes et la question universitaire en Russie.* Paris, 1901, p. 29.

touchent qu'à la discipline académique... Interpréter comme des crimes des réunions paisibles d'étudiants, tenues afin de discuter des questions qui les concernent, c'est ignorer la base sur laquelle doit reposer tout enseignement de quelque valeur réelle, c'est troubler le sens moral de la jeunesse à l'âge où il devrait être préservé, fortifié et respecté. La condamnation d'un grand nombre d'étudiants au service militaire, en qualité de simples soldats, et cela pendant un, deux ou trois ans, est odieuse pour tout esprit droit. Appliquer aux délits les plus graves contre la discipline académique ce châtiment est monstrueusement injuste (1) ». Des idées analogues furent exprimées par des hommes de la plus grande valeur scientifique et appartenant aux nationalités et aux partis les plus divers. Je les retrouve sous la plume de M. Lanson, de M. Gide ou de M. Dastre, aussi bien que sous celle de Bovio, de Lombroso ou d'Elysée Reclus. Sans insister davantage sur la situation vraiment intenable qui est faite à la jeunesse des écoles par cette intervention de la police et de la gendarmerie dans la vie universitaire, je me crois le droit de dire que le souvenir des faits récents qui se sont produits dans des années moins agitées que celle que nous traversons, a dû se présenter à l'esprit des professeurs de Péters-

(1) V. *Les sentiments des professeurs de l'Europe sur les troubles universitaires de Russie*, p. 8.

9.

bourg, de Moscou et de Kieff, alors que, réunis en conseil universitaire en janvier 1901, ils décidaient, tantôt à l'unanimité, tantôt en grand nombre, que les cours resteraient fermés jusqu'au commencement de l'automne. Je connais dans quelles conditions a été prise une pareille résolution par le conseil pédagogique de cette nouvelle école de polytechniciens et d'économistes qui, sur l'initiative du comte Witte, a été créée, il y a à peine trois ans, dans les environs de Pétersbourg, à Liesnoïé. Pendant la triste journée du 9/22 janvier, un étudiant de l'école qui se trouvait près du square Alexandre, dans la foule des ouvriers désireux de porter une pétition à l'empereur, fut tué par une salve de chevaliers-gardes. Professeurs et étudiants s'étaient réunis pour lui rendre les derniers devoirs. Des discours violents furent prononcés à cette occasion par les collègues de la victime ; on avait tout lieu de s'attendre à une série d'autres manifestations bruyantes et qui, dans les conditions données, devaient nécessairement porter un caractère politique. Continuer les cours équivalait à un parti pris d'admettre l'intervention de la police et des gendarmes dans l'enceinte de l'école. Une descente de la police avait déjà eu lieu, quelques jours plus tôt, et le directeur de l'école, le prince Gagarine, dut intervenir en personne pour empêcher les étudiants de malmener les commissaires. A moins de préparer bénévolement un nouveau massacre des innocents, il ne restait au conseil pédagogique qu'à

se prononcer pour la fermeture des cours. Ceci fut
décidé à l'unanimité, et les faits qui suivirent dé-
montrèrent la sagesse d'une pareille mesure. Car la
réunion des étudiants de l'Université de Pétersbourg, convoquée sur l'autorisation du tout-puissant gouverneur de la capitale, Trépoff, commença
par lacérer le portrait de l'empereur, ce qui, bien
entendu, ne pouvait plus passer pour une peccadille
contre la discipline. Il fallut, bon gré mal gré, se
rendre à l'évidence et, afin de prévenir de plus
grands malheurs, interrompre en Russie toute
activité académique. La grève des Universités finit
par s'étendre et envahir les lycées, les conservatoi-
res, les écoles ecclésiastiques. Une fausse interprétation de manifestes obscurs, des bruits menson-
gers et répandus avec empressement par la police
quant à l'or japonais ou anglais qui serait venu alimenter le soulèvement des ouvriers et des intellectuels, excitent la populace, dans certaines villes,
contre les étudiants et les lycéens. Des bandes de
gens sans aveu soudoyés par des agents secrets et
fanatisés par des popes se ruent sur les passants et
malmènent « les intellectuels ». Déjà plus d'une
fois les directeurs de nos écoles secondaires ont dû
prévenir les élèves d'un certain âge de ne pas se
montrer le soir dans les rues, afin de ne point provoquer de représailles injustifiées. On compte plusieurs blessés parmi cette verte jeunesse qui, jusqu'ici, n'avait pu se faire d'autres notions sur les
guerres intestines que celles que l'on retire du dis-

cours de Cicéron contre Catilina. Si nous continuons
à marcher dans la même voie de mésintelligence
complète entre gouvernants et gouvernés, je ne
serai pas surpris d'apprendre un de ces jours la fer-
merture des lycées, sur l'exemple des écoles d'enseignement supérieur. La grève s'étendra des usines et des fabriques à tous les établissements
pédagogiques, sans en excepter les Facultés de
théologie et les séminaires ecclésiastiques. La vie
intellectuelle du pays s'arrêtera, en même temps
que sa vie industrielle, et nous verrons en Russie
un spectacle dont on n'a rien vu de pareil en Occident : celui d'une révolution qui commence par
l'établissement d'un système d'inertie voulue et
organisée.

*
* *

Ces pages étaient écrites quand, par un de ces
coups de théâtre que présente l'évolution actuelle
russe, le policier Trepoff, en qualité de dictateur,
soumettait à l'empereur Nicolas un projet d'autonomie universitaire. L'Union des professeurs —
un de ces nombreux groupements professionnels
qui se sont constitués dans le courant de l'année
1905, siégeait, au moment même, à Moscou. On
débattait le texte d'une protestation contre la façon
très cavalière de laquelle les gouverneurs militaires d'Odessa et de Pétersbourg avaient mis un
terme à l'activité pédagogique de plusieurs médecins, d'un mathématicien fort connu et d'un légiste.

L'assemblée était fort montée contre cette intervention intempestive des autorités militaires, à un moment où on avait les plus grandes peines à attirer la jeunesse universitaire à suivre les cours. Loin de s'attendre à l'octroi d'une autonomie, on prévoyait de nouvelles rigueurs, telles que renvoi en masse des étudiants, suppression du traitement des professeurs, etc., etc. La police avait essayé de mettre fin à la séance, mais on s'arrangea de façon à ne point lui faire dépasser les limites du vestibule, et la réunion, que j'avais en ce moment l'honneur de présider, continua à s'occuper de mesures à prendre en vue d'une prochaine fermeture des hautes écoles. Le soir même, on apprit par les journaux que le ministre de l'instruction publique, un militaire, en réponse à la demande qu'il avait faite d'être appuyé par la force armée, reçut du tout-puissant dictateur l'ordre de présenter sur le champ un projet de loi sur l'autonomie universitaire. Depuis le temps que la même question surgit périodiquement dans le conseil des ministres, on avait eu l'occasion d'élaborer plus d'un projet de cette sorte et il s'en trouva heureusement un qui fut du goût de la police. C'est celui-là même qu'on fit paraître sous le nom de « mesure provisoire ». Une semaine plus tard, j'avais l'occasion de recevoir chez moi le nouveau recteur élu de l'université de Moscou, le prince Serge Troubetzkoï, et de lui adresser des compliments pour la part qu'il avait prise à la revendication de la liberté de l'enseignement. « Vous

me faites là un honneur immérité, me répondit-il ;
tous mes mémoires sont restés sans réponse, même
celui présenté récemment à l'empereur. Heureusement Trépoff eut connaissance du fond de ma
demande et, comme elle déchargeait la police
d'une part de son lourd fardeau, il fut conquis à
l'idée d'autonomie ».

Le policier se trompait. L'opinion publique en
éveil, ayant pris connaissance de la liberté de
réunion acquise par la jeunesse des écoles, trouva
le moment bien choisi pour demander au gouvernement la même liberté de réunion pour tous ses
sujets. On crut que le plus sûr moyen d'arriver à
une pareille concession était d'envahir les universités. Des foules composées d'ouvriers et d'intellectuels, se portèrent dans l'enceinte des hautes écoles, envahirent les salles des cours et décrétèrent
que les leçons pourraient se faire les jours et les
heures où on ne tiendrait point de réunions publiques. Le nouveau recteur de Moscou fut forcé de
fermer l'Université, car la police et les gendarmes
étaient sur le point d'intervenir et menaçaient de
chasser à coups de crosse et de nagaïka tous les
intrus. Les cours une fois suspendus, le nouveau
recteur se rendit à Pétersbourg, plaida devant le
ministre la cause de la liberté d'enseignement,
insista sur la nécessité de mettre les universités à
l'abri de nouveaux assauts de la part des masses
populaires, en accordant à ces dernières le droit de
réunion, et, pris d'un malaise subit, tomba à la ren-

verse, à la suite de la rupture d'une artère. Cette
mort, presque tragique, émotionna tous les habitants de la capitale. On fit au défunt des funérailles
nationales ; plus de 100.000 personnes suivirent
son convoi, et il en fut de même à l'arrivée du corps
à Moscou, où le prince fut enterré dans le caveau
de sa famille. Ce fait douloureux n'interrompit point
le cours des événements. Dans toutes les villes
universitaires on fut témoin du même spectacle :
les leçons ne pouvaient plus se faire grâce à des
meetings monstres dans lesquels les étudiants
n'étaient qu'en minorité. Les autorités militaires
recoururent aux menaces ; on cerna les universités
et les autres écoles supérieures, on plaça des
mitrailleuses à leur entrée ; professeurs et étudiants
n'eurent d'autre choix que celui de voir la guerre
civile éclater dans l'enceinte des hautes écoles ou
de mettre un terme à leur activité. Depuis le mois
d'octobre 1905, tous les cours sont interrompus et
on ne prévoit pas bien le moment où les études
pourront reprendre. Cette fois il ne s'agit plus de
la grève des étudiants ou des professeurs, mais de
la revendication du droit de réunion par les masses
populaires. L'idée qu'on s'en fait en Russie est tant
soit peu étrange. On prétend que le gouvernement
doit lui-même procurer au public le local nécessaire à la réunion ; on lui recommande de faire
servir à cette fin les manèges. Il répond en autorisant les réunions dans quelques édifices publics
situés aux confins de la ville et dont on ne veut

à aucun prix. Et les hautes écoles restent fermées,
de crainte d'être de nouveau envahies par les gens
du dehors et d'attirer à leur suite la police, les gendarmes et les cosaques. Bien malin celui qui trouvera une issue à cette impasse.

CHAPITRE IV

Au nombre des phénomènes les plus inattendus que présente l'actualité russe, il faut placer les congrès des paysans, quelque temps défendus et poursuivis et se réunissant du su des autorités pas plus tard qu'au commencement de novembre 1905. Comment l'idée a-t-elle germé de réunir à Moscou des délégués de communes rurales ressortant de vingt-six gouvernements ou provinces de l'empire russe ? Les détails qui m'ont été donnés me permettent d'affirmer que l'idée d'un pareil mouvement a poussé, avant tout, dans la tête de quelques paysans du district de Novotorjsk. Une bonne partie de ces paysans gagnent leur vie comme garçons de restaurants, et surtout de restaurants de nuit. Ils ont, par conséquent, été à même d'apprécier la façon dont les classes aisées gaspillent leurs revenus, et ils ont retiré de ce spectacle un mépris profond pour la jeunesse dorée, pour les fils de famille. Plus d'un de ces paysans, enrichi à force de recevoir des pourboires, est rentré chez lui, au village, et y mène la vie d'agriculteur. Un peu plus instruits et plus aisés que les autres, ils ont fini par semer des germes de scepticisme quant au droit sacré qui permet au seigneur de retirer des bénéfices grandissants du simple louage des terres de son domaine, sans apporter aucun soin personnel à leur culture. De la théorie on passa bientôt à la pratique ; des résolutions furent votées par les *mirs* ou conseils communaux, déclarant que la terre était, ni plus ni moins que l'air, un don de Dieu et qu'elle devait, par conséquent, revenir de droit à celui qui la cultive. Ceci se passait, il y a des mois, dans le centre de la Russie. Dans une autre partie du vaste empire, le même mouvement prenait une ampleur et une rapidité de diffusion bien plus grande, d'abord grâce à l'initiative d'un homme ayant acquis une certaine culture, notamment à Paris, à l'Ecole Russe des Sciences Sociales, et ensuite à cause d'un communisme agraire disparu il y a à peine un demi-siècle et ayant laissé des souvenirs et des regrets dans l'esprit du peuple. J'entends parler de la « Terre des cosaques du Don », où, au milieu du XIXe siècle, les régiments cosaques, se confondant encore avec la masse des habitants, possédaient le sol à titre indivis. Dans d'autres provinces de la Russie, notamment dans celle de Kharkoff, l'idée d'un nouveau partage des terres, étrangement liée à la théorie de la nationalisation du sol, fut apportée par un disciple de Tolstoï, retour de Californie, où il avait su accumuler quelque fortune en qualité de colon. Très populaire parmi les paysans de Soumy, cet ancien régisseur des biens de M. Bajenoff, médecin à Moscou, avait provoqué des rassemblements publics qui avaient abouti à l'envoi d'une adresse au tzar, lui témoignant de l'intérêt que le peuple des campagnes portait à sa personne et du désir qu'il avait de s'approprier les terres des seigneurs. Cette adresse fut traînée de ministère en ministère, et finit par être reçue par des gens de l'entourage du comte Witte. Rentré dans le district de Soumy, l'initiateur de cette démarche fut jeté en prison. Les paysans, en grand nombre, vinrent demander sa mise en liberté. Ceci lui valut d'être transporté dans une prison centrale, à Kharkoff, et ce n'est qu'après deux mois de détention qu'il apprit, à sa grande stupéfaction, que l'adresse avait été reçue par l'empereur qui voulait bien remercier les paysans de Soumy de leur zèle patriotique. Il faudrait peut-être remonter bien plus haut pour indiquer les premiers germes d'une propagande active des mêmes idées au centre de la petite Russie et tout particulièrement dans le gouvernement de Tchernigoff. M. Lavroff, le célèbre philosophe et révolutionnaire russe, mort à Paris, m'avait fait part, il y a de cela au moins 25 ans, du succès que certains de ses amis, membres comme lui de la société « Terre et Liberté », avaient remporté parmi les paysans petits-russiens à qui ils avaient offert les biens des seigneurs, si je ne me trompe, au nom même du tzar (1). Il est probable, d'ailleurs, que l'idée que tôt ou tard le paysan deviendra le propriétaire du sol qu'il cultive, a germé dans les villages au moment de l'émancipation des serfs, alors que l'état russe se chargeait de remettre entre les mains des villageois une partie des terres manoriales, sauf à payer à qui de droit une indemnité en argent. Aussi, dans ces dernières années, m'est-il arrivé plus d'une fois d'entendre de la part de propriétaires fonciers des récits pouvant bien passer pour des anecdotes aux yeux d'occidentaux ayant des idées plus arrêtées sur le principe de l'inviolabilité de la propriété. Les villageois ne cachaient point leur espoir de voir les nobles passer au rang de pensionnaires de l'Etat, à condition de remettre leurs terres aux habitants des campagnes.

Parti de ces divers foyers, le mouvement agraire se répandit peu à peu dans une bonne moitié des provinces russes, soutenu dans certaines d'entre elles par une lutte de races, ainsi, dans les provinces baltiques, où les seigneurs d'origine allemande sont détestés par les Lettes, leurs ci-devant serfs, émancipés il est vrai un demi-siècle avant les villageois russes, mais réduits, en même temps, à l'état

(1) Il paraît qu'à cette occasion ils n'avaient pas reculé devant le fait d'émettre de faux manifestes, signés : Alexandre II, mode d'agir qui leur avait valu plus d'une critique de la part de leurs corréligionnaires.

de prolétaires, pareils en cela aux « laboureurs »
ou agriculteurs de l'Angleterre. Il en est de même
de certaines provinces orientales de la Russie, telles
que Saratoff, où le fond de la population est formé
par des tribus finnoises, qui ont gardé plus d'une
trace de paganisme et, ce qui dans le cas a son
importance, sont réduites à la portion congrue
grâce à un allotissement gratuit fort mince et ne
dépassant pas 1 hectare par tête ; il est connu en
Russie sous le nom de « nishtchenski nadiel »
(parcelle pauvre).

Une dame très au courant des faits dont je viens
de parler et qui s'honore d'avoir contribué pour sa
part à la première réunion du congrès paysan, me
fit voir une centaine d'arrêtés pris par les villageois
en faveur d'une nouvelle distribution des terres.
Le premier congrès fut formé par des délégués
envoyés par ces mêmes communes ; il se réunit au
fond des bois — telle est, du moins, la version
courante, faite probablement pour dépister la
police. L'ethnographe et l'écrivain de talent connu
sous le pseudonyme de Tane, nous conte tout
au long, dans un récent numéro de la revue
Richesse russe, ce qui se passa à cette première
réunion des futurs « partageurs ». Très malins,
ils s'étaient installés dans une grange faisant partie
du village même qui servait de résidence habituelle aux dragons appelés à les surveiller. On avait
vu défiler tout un escadron à la recherche de gens
paisiblement installés à quelques pas de la caserne,

et pendant que l'armée veillait au maintien de
l'ordre existant, les liquidateurs sociaux étaient
occupés à en saper les bases.

La terre, disaient-ils, a été donnée à l'homme par l'esprit
divin au même titre que l'air et la lumière. Les forts en oppri-
mant, avec l'aide du pouvoir, tous ceux qui étaient incapables
de leur résister, avaient forcé le peuple à travailler pour eux
cette terre à la sueur de son front. Une pareille usurpation
n'autorisait point les héritiers de ces premiers brigands à
remplir leurs poches du produit de travaux auxquels ils
n'avaient pris aucune part. Que le sol appartienne à la com-
munauté et que chacun ne puisse s'approprier la jouissance que
de la parcelle qu'il cultive, lui et sa famille ! Il est inutile de
riposter que les nobles ne sont pas les seuls propriétaires,
qu'on en trouve également parmi les paysans ; ces « marchands » ne valent pas mieux que les ci-devant seigneurs et on
fera bien de leur enlever ce qu'ils ont acquis à force d'extorsions, car le proverbe russe a raison de dire : « Ce n'est pas
par un travail honnête qu'on arrive à ériger des palais». — Il
faut pourtant être équitable, déclare un petit boiteux, et remettre aux propriétaires des domaines le rachat qui leur est dû ».
— « A aucun prix, lui répond-on, la terre est aux paysans, les
seigneurs n'ont qu'à vivre des rentes qui leur seront versées par
l'Etat. Pourquoi payerions-nous le rachat, ayant depuis longtemps acquis le droit au sol par notre travail ? Est-ce que nos
pères n'ont pas été serfs, et les chiens des seigneurs n'ont-ils pas
été nourris du lait de nos aïeules ? » — « Tout de même, déclare-t-
on, on ne peut jeter les seigneurs à la rue, il faut leur donner de
quoi vivre ». — « Et bien, dit un paysan de Tchernigoff, on leur
accordera 300 roubles par an. Cela leur suffira pour mener
l'existence d'hommes cultivés. D'ailleurs, ils ont eu le temps
nécessaire pour mettre de côté assez d'argent provenant du
revenu des manoirs qui leur furent octroyés par Catherine et
Paul. Il suffit que nous nous chargions des dettes qu'ils ont con-

tractées dans les banques foncières ». — « Mais quelle différence
établissez-vous entre le droit de propriété sur la terre et sur les
usines ? » demande un paysan imbu d'idées marxistes. « Vous
ne demandez certes pas à vous approprier les fabriques ? » Et
pourquoi pas ? lui répond-on. On commencera par les terres, et
puis on s'occupera du reste ». — « Mais en partageant toutes
les terres manoriales on ajoute à peine une dessiatine (moins d'un
hectare) à la moyenne des lots paysans ». — « Et bien, cela
nous suffira, répond-on ; il est impossible de partager ce qui
n'existe pas ». — « Mais comment cultiver vos lots agrandis
sans capitaux, alors que le paysan ne possède pas assez de
bœufs et de chevaux pour se tirer d'affaire même à l'heure
actuelle ? » — « N'ayez crainte : on finira par s'en procurer ;
on s'en procure bien pour cultiver les terres affermées ».

Le partage des terres seigneuriales est au Congrès paysan la question qui prime toutes les autres.
On discute moins le fait de l'appropriation des
domaines de l'Etat : l'utilité et la justice d'un pareil
procédé paraisent tellement évidents que pour désigner ces terres on n'emploie plus d'autre terme que
celui de « terres du peuple ». On soulève en passant
également quelques autres questions : celle de l'instruction publique, qui doit être gratuite et obligatoire, celle des rapports qui doivent exister entre les
villageois et les autorités : on n'en veut point d'autres que d'électives, à l'exception du chef suprême
du pays qui doit être un tzar comme par le passé,
un tzar soucieux des intérêts de son peuple et le
défendant contre tous les abus. On ne veut plus
entendre parler ni de popes prévaricateurs, ni de
chefs de districts, petits nobles investis de pouvoirs

très étendus, tant administratifs que judiciaires. La réunion se sépare après avoir honoré la mémoire de ceux qui ont versé leur sang pour le bien du peuple, et en se donnant rendez-vous à bientôt.

Et, en effet, on revient au mois d'août plus nombreux que par le passé, et encore plus exigents. Les autorités continuent à ignorer le lieu du rendez-vous. Cette fois, vingt-huit gouvernements comptent des représentants au sein de l'assemblée. Ces derniers arrivent de Moscou et des provinces du centre autant que de la Petite-Russie ou du nord-est, ou encore des bords du Don et de la Mer Noire. Le nombre de délégués est pourtant assez restreint : ils se chiffrent à peine à cent sans compter les vingt-cinq appartenant aux classes éclairées. Cette fois le congrès siège à Moscou, nomme un président et des secrétaires et procède en bon ordre ni plus ni moins qu'une réunion de conseil général ou municipal. Le délégué des cosaques du Don est le premier à prendre la parole.

Notre pays, déclare-t-il, en rappelant une parole bien connue des ambassadeurs slaves envoyés à Rurik, est grand et riche, mais l'ordre lui manque. La cause en est que la majeure partie des habitants est encore esclave et restera telle jusqu'au jour où les paysans se seront rendus compte de leurs droits et de leur puissance. Même à l'heure actuelle nous sommes autorisés par le décret du 18 février à nous réunir et à traiter les questions qui intéressent le bien de l'Etat. Nous avons profité de ce droit, dans la région des cosaques du Don, pour nous réunir le 18 juin (c'est-à-dire le 1er août) à Ekaterininsk, et c'est là que nous avons signé nos premiers arrêtés, suivis bientôt de ceux pris dans d'autres villages voisins. C'est en vain que les autorités ont voulu nous empêcher de traiter d'autres questions que celles ayant rapport aux intérêts locaux, car nous leur avons dit que le bien-être du pays nous était peut-être plus cher qu'à elles-mêmes. Les prêtres aussi ont voulu s'entremettre pour nous détourner de notre tâche, et tout de même, dans l'espace d'un mois et demi, nous sommes arrivés à créer une organisation de propagande dans 25 villages recouvrant une superficie de 60 verstes carrées. Cette organisation pourra servir aux prochaines élections à l'assemblée nationale. Nous devrons employer toute notre énergie pour conquérir les droits qui reviennent au peuple ».

Le délégué de la province de Kharkoff entame la grosse question des rapports du paysan avec le sol.

« L'équité, dit-il, demande que celui qui travaille retire aussi tout le produit de la peine qu'il se donne. Le paresseux n'aura qu'à mourir de faim. Or, chez nous on trouve le contraire : c'est le travailleur qui jeûne alors que le paresseux mène une existence douce. La terre, qui est un don de Dieu, a été appropriée par les seigneurs qui, pour cette raison, profitent de nos travaux. Il s'agit de nous élever contre un pareil ordre de choses ; il s'agit de réclamer le sol pour les paysans. Or, pour cela il faut, avant tout, prendre des arrêtés semblables à ceux dont il a été question dans la province du Don. Chez nous, dans le district de Soumy, le paysan possède à peine 3 dessiatines ; il y en a dont le lot ne dépasse pas 1/2 dessiatine. Il est difficile de vivre dans de pareilles conditions et impossible de nous taire plus longtemps. La mère n'offre son sein à l'enfant que quand il commence à pleurer ; quant à nous, nous avons déjà versé plus d'une larme, mais on ne nous a rien donné. Il faut, par conséquent, recourir à d'autres moyens pour nous procurer la terre ; aussi avons-nous décidé, au sein de la Société agronomique de Soumy, que la terre doit être à celui qui la cultive. Là-dessus la Société agronomique fut dissoute. Alors les paysans commencèrent à s'assembler dans les rues. Le 29 mai (c'est-à-dire le 12 juin style nouveau), une réunion de 5.000 villageois délégua un des leurs à porter une adresse à Pétersbourg. Les autorités mirent main basse sur ce délégué et le détinrent en prison ».

Survient un paysan du gouvernement de Tchernigoff : « Dans les arrêtés que les villageois de cette province avaient pris depuis le mois de mars, on avait réclamé, déclare-t-il, la liberté et la terre. Tout ce qui était possédé par les apanages, le trésor, les couvents et les seigneurs devait être racheté et revenir de droit à l'État. On ne pourrait dorénavant que faire usage de la terre qu'on cultive, et un pareil droit doit être reconnu à tous, chrétiens et Juifs, paysans, marchands ou seigneurs. Quant au rachat, il doit être fait non au prix du marché, mais d'après le revenu naturel des terres. Un fait qui mérite d'être noté, c'est qu'au dire du délégué de Tchernigoff, le paysan ne gagnera pas à voir la bureaucratie remplacée par le régime des propriétaires ; c'est ainsi qu'en Angleterre on a la liberté politique depuis 600 ans, mais le bas peuple, et surtout les agriculteurs, continuent à souffrir. « Si cette année même, la propriété individuelle sur la terre n'est pas abolie, il nous faudra 200 ans de luttes pour reconquérir nos droits. On a beau nous promettre que la terre dont nous manquons nous sera accordée en cas de notre transmigration dans des régions moins peuplées ; nous ne voulons point quitter nos foyers. La liberté politique ne nous est pas indifférente ; nous désirons avoir le suffrage universel direct et une assemblée nationale possédant des droits législatifs. Autrement, nous aimons mieux ne point élire de députés ».

Un à un, les délégués de Toula, de Kharkoff et de Wladimir, émettent des vœux analogues. On entendit même préconiser la république démocra-tique et sociale et envoyer des injures aux journaux réactionnaires. Mais le vœu en faveur d'une république fut un vœu individuel : la majorité réclamait un tzar et dans des termes qui ne laissaient aucun doute quant à la sincérité de ceux qui donnaient un pareil avis. Un représentant du gouvernement de Vologda déclara franchement que les manisfestes révolutionnaires produisaient sur le peuple une mauvaise impression parce qu'elles contenaient des attaques contre le tzar. Des personnes présentes au congrès m'ont affirmé avoir entendu des paysans émettre plus d'une fois l'avis que le tzar leur était nécessaire et que si on avait des raisons de se plaindre de celui qui était au pouvoir, on n'avait qu'à en prendre un meilleur.

On s'attaqua aux prêtres et aux « tchinovniks » ; on ne voulut point admettre que les conseillers généraux puissent poursuivre d'autres intérêts que ceux des propriétaires et on déclara ne vouloir accepter dans les associations de paysans d'autres membres que les possesseurs individuels de 50 dessiatines au plus. Il est curieux de constater que les membres du congrès furent plutôt sympathiques à l'idée d'accorder le droit de vote aux femmes : n'avaient-elles pas leurs parcelles dans les biens du *mir*, ni plus ni moins que leurs maris ou leurs fils ? La grosse question fut cette fois, comme par le passé, celle de savoir si on accorderait oui ou non un rachat pour les terres confisquées aux seigneurs. La majorité, bien entendu, y fut contraire, mais la minorité trouva bon d'établir une différence

entre les terres reçues en héritage et les terres nouvellement acquises : les premières seules devaient
passer aux paysans sans rachat. Un autre point
dans lequel apparaît l'influence exercée sur les
esprits villageois par les vieilles coutumes juridiques : on se souvint que la prescription légale
n'avait pas toujours été de dix ans, que l'ancien
droit coutumier en avait connu une de trente ans,
et on partit de ce fait pour déclarer que celui qui
avait possédé la terre pendant plus de trente ans
n'avait aucun droit à prélever une indemnité, tandis qu'il en était autrement de ceux qui l'avaient
détenu un nombre d'années moindre. L'idée d'indemnité paraissait être plus sympathique à la
majeure partie des orateurs que celle de rachat ;
on accorderait aux anciens propriétaires de quoi
vivre et on ne ferait exception que pour les grands
domaines, car leurs détenteurs avaient eu le temps
et les moyens de mettre de côté des sommes suf-
fisantes pour assurer leur vie ; ils n'avaient, par
conséquent, aucun droit à une indemnité.

Il y eut un troisième congrès paysan, également
à Moscou, à la fin d'octobre. Il siégea en même
temps que celui des conseillers généraux et municipaux ; il ne me fut pas donné, pour cette raison,
d'assister à ses débats, lesquels furent publics
et, par conséquent, rapportés par les journaux.
Tous ceux qui eurent l'occasion d'entendre les
paysans discuter leurs affaires furent frappés de
leur art oratoire, de leur langue correcte et imagée

et de l'enthousiasme qui régnait dans leur milieu
et contrastait étrangement avec le peu de chaleur
des débats qui, en même temps, avaient lieu au
congrès des zemstvos. Les questions traitées dans
ce dernier étaient, d'ailleurs, bien moins attachan-
tes : il s'agissait de régler la conduite à suivre vis-
à-vis d'un cabinet dont le programme politique
était loin d'être solidement établi et dont le personnel n'inspirait point la confiance voulue. Il
en était autrement au sein de l'assemblée paysanne :
on n'y traitait que des grands problèmes de la vie
sociale, on sapait les fondements de l'ordre bourgeois, on décrètait la nationalisation des terres
et le droit du travailleur agricole à retirer tout le
profit de ses peines en cultivant le sol avec les
membres de sa famille. Les délégués villageois
étaient arrivés en assez grand nombre, mais la pré-
sidence avait été accordée à un membre des classes
dirigeantes, neveu d'un diplomate, ancien officier
du ministère public, récemment passé au rang des
« partageux ». On constate non sans étonnement
le bon accueil que l'assemblée paysanne fait aux
transfuges d'autres partis politiques, à ces intellectuels qui en Russie, vont généralement la main
dans la main avec les démagogues sortis d'autres
classes et soutiennent les plus violentes revendications des dépossédées. C'est qu'au fond l'intellectuel prolétaire et n'ayant d'autre source de revenu
que sa parole d'avocat ou son art de médecin ou
de vétérinaire, a les mêmes raisons pour détester

l'ordre établi que le paysan réduit à un lot incapable de le nourrir, ou un ouvrier ne gagnant point son nécessaire. Le petit employé des postes et des chemins de fer dont il a été tant parlé dans ces derniers temps, même s'il est noble de naissance, au point de vue économique se rapproche d'un simple manœuvre et ne trouve point, pour cette raison, d'inconvénients à se rattacher aux revendications ouvrières. Aussi ce qui partage les travailleurs des villes et des campagnes n'est pas le fait de la possession exclusive du sol par les premiers, mais une différence de doctrine : les théories marxistes, fort répandues parmi les salariés, ne conviennent point aux paysans dont tout l'intérêt se concentre sur la possession du sol. On en vit un exemple frappant au dernier congrès, où les délégués du parti ouvrier ne parvinrent point à se faire entendre avec calme et eurent de la peine à achever un discours contenant un exposé succint de la doctrine marxiste. Le congrès des paysans suivant de près les actes de brigandage dont avaient eu à se plaindre les propriétaires fonciers de mainte province, tant de l'est que de l'ouest, on constata avec plaisir que les délégués villageois s'élevèrent d'une commune voix contre cette espèce de propagande par le fait. Mais ils n'en furent que plus déterminés à revendiquer la possession commune de toutes les terres de l'empire, et cela à titre gratuit, c'est-à-dire sans rachat ; le congrès s'acheva au milieu d'une épouvante

générale produite par cette intransigeance et dont
les effets ne tardèrent pas à apparaître dans la
réunion, à bref délai, d'un congrès de propriétaires
fonciers également réuni à Moscou. Ce dernier tint
des séances secrètes et adressa au tzar une demande
en faveur du rétablissement de l'autocratie. Le
même congrès décida la création d'une milice ayant
pour charge de défendre à main armée les domaines
contre les bandes paysannes agissant par le fer et
le feu, avec un but avéré d'éloigner le noble en lui
rendant impossible tout séjour au sein de son
manoir. Ce dernier une fois disparu, avec tout
l'inventaire tant vivant que mort, il ne reste plus
au propriétaire d'autre moyen de tirer profit de ses
terres qu'en les affermant aux villageois. Or, ces
derniers viennent de déclarer, par l'organe de
leurs délégués au congrès paysan, qu'ils s'enga-
gent à ne plus acheter de terres seigneuriales et à
ne plus les prendre en fermage. Si cette menace se
réalise, le seigneur sera privé de toute rente et ne
pourra, par conséquent, tirer aucun profit de ses
droits de propriété.

Les associations paysannes dont les délégués
ont siégé à trois reprises dans des congrès ne couvrent jusqu'ici qu'une mince partie du sol russe.
Mais elles font des prosélites et se répandent comme
une tache d'huile. On a beau dire que le mouvement sera enrayé par le fait seul que la petite propriété a fait de rapides progrès et que les paysans
eux-mêmes, dans maintes provinces de l'empire,

et notamment dans celles de la Petite-Russie, sont depuis longtemps des propriétaires à titre indivi-duel. La majeure partie des villages reste encore sous le régime du *mir* ou d'un collectivisme agraire primitif, et ce fait seul suffit pour expliquer, en dehors de toute propagande révolutionnaire, la grande sympathie que le paysan témoigne sinon pour la nationalisation, du moins pour la sociali-sation du sol. Il est probable que les propriétaires de la Grande-Russie, où le sol produit peu et le louage des terres aux paysans est fort répandu, ne feront point de bien vive opposition à une expropriation forcée d'une partie de leur terrain, bien entendu à condition de rachat. Il n'en est pas de même dans la région de la « terre noire », où les seigneurs exploitent eux-mêmes leurs pro-priétés. Il est certain que là où le sol sert à la production de la betterave, la grande propriété s'impose et il y a lieu de se demander si le paysan qui retire à peine 40 roubles d'une dessiatine de terre ensemencée de froment, gagnera beaucoup à en devenir le propriétaire, alors que cette même dessiatine, plantée de betterave, lui procure, sous forme de salaire, la moyenne de 70 roubles par an. Tels sont du moins les chiffres relevés par les socié-tés d'agriculture tant à Kharkoff qu'à Kieff. Il ne me paraît pas douteux qu'en cas d'une expropria-tion non suivie de rachat le capital prendra la route de l'étranger et le paysan devenu possesseur d'une plus grande étendue de terrain manquera de moyens

nécessaires pour la mettre en culture. Dans ces
conditions, le mode d'exploitation des terres restera tout aussi extensif que par le passé. Il en serait
autrement si on acceptait l'idée de rachat appliqué
à cette partie des terres seigneuriales qui n'entrent
point dans la régie directe du propriétaire et sont
allouées aux paysans. Dans ces conditions, on sub-
viendrait à la pénurie des terres détenues par les
paysans, tout en maintenant des propriétés individuelles ayant atteint un certain niveau de per-
fectionnement agricole. Les capitaux retirés de la
vente forcée des terres aux paysans pourraient
servir à alimenter l'agriculture, et le paysan, tout
en cultivant une plus grande superficie du sol,
trouverait un emploi à ses loisirs et un complé-
ment à son revenu, dans les profits qu'il pourrait
retirer de l'aménagement des terres manoriales.
Avant de procéder à une nationalisation, même
partielle, des biens seigneuriaux, on pourrait combattre la pénurie des terres paysannes en donnant
en fermage aux seuls villageois les terres de la
couronne et des apanages, ainsi que celles des
couvents. Il n'est pas douteux, d'autre part, que
l'Etat pourrait augmenter le nombre de terres cultivables en prenant sur lui l'initiative des dessèche-
ments et, généralement, de tous les travaux de
mélioration du sol, ainsi que cela se pratique de
nos jours dans maints états de l'Allemagne et, pour
citer un exemple, en Bavière. Il est ridicule d'entendre parler d'un manque de terrains capables

d'être mis en valeur dans un pays recouvrant la sixième partie des continents et dont la population se chiffre à 130 millions.

Le grand mal dont on souffre est la façon dont la population est distribuée parmi les diverses régions de l'empire, son agglomération excessive dans certaines localités, voisines des centres industriels ou commerciaux et des grandes voies de communication. A la distance de quelques dizaines de verstes à droite ou à gauche d'une ligne de chemin de fer, me disait encore récemment un paysan d'Archangel, les villages deviennent de plus en plus rares et le sol reste inculte. D'autre part, un grand nombre de terres, notàmment en Sibérie, a passé à l'état de propriété privée sans autre titre que l'appropriation individuelle. De nouveaux colons cherchent et ne trouvent point de terres libres, et cela dans des régions où on compte à peine quelques centaines sinon quelques dizaines de familles sur une lieue carrée. A côté des considérations que je viens d'émettre, il me tient à cœur d'indiquer une autre solution, au moins partielle, de la question agraire : c'est celle du passage d'un nombre de plus en plus grand de laboureurs à l'état d'ouvriers établis dans les environs de l'usine ou de la fabrique qu'ils sont appelés à desservir. Je ne vois pas bien l'avantage qu'ils auraient à garder leurs lots. A l'heure actuelle ils les cèdent volontiers à des co-villageois à condition de se décharger sur ces derniers du payement de l'impôt. Plus la Russie deviendra manufacturière et commerçante, plus se produira dans ce pays le phénomène de la rupture des liens qui, jadis, unissaient au sol la totalité des habitants. A moins d'être, comme Tolstoï, partisan d'un retour à une économie « naturelle », c'est-à-dire consommant sur les lieux les produits du sol, il est oiseux de dénoncer, comme une injustice sociale, le fait seul que certaines professions forcent à rompre les liens qui vous rattachaient à la terre des aïeux. C'est là une idée qui paraît étrange et, probablement, criminelle aux membres du congrès paysan de Moscou, mais qui, certes, ne porte point ce caractère aux yeux d'un européen. C'est que nulle part la majorité de la population n'est encore plus assise sur le sol qu'en Russie, car, malgré tout ce qui a été dit sur la pénurie des terres paysannes, il n'existe point d'état au monde où les 3/5 des terres constituent la propriété plutôt indivise qu'individuelle des agriculteurs. Or, c'est là la conclusion que nous tirons d'une simple consultation des chiffres indiquant le nombre de dessiatines aux mains des paysans et celui détenu par les propriétaires de classes autres que la classe villageoise. Ce n'est donc pas tant le manque de sol à cultiver que la mauvaise culture elle-même qu'on doit rendre responsable de la pauvreté du paysan russe. Elle ne dépend pas exclusivement du fait que les terres ne restent entre les mains des cultivateurs qu'un certain nombre d'années, ainsi

que l'exige le système du *mir* ou de la commu-
nauté agraire. Il y a à cela une autre cause qui est
le manque de capitaux, de crédit et de connaissances
agronomiques. Aussi, suis-je étonné de voir que
dans les débats du congrès paysan il n'a été presque rien dit quant à la nécessité de créer des syndicats agricoles et des banques populaires servant à
alimenter ces syndicats et donnant aux paysans la
possibilité de méliorer le sol. Il est indubitable
pourtant que toutes les causes qui retirent le capital de l'agriculture — et elles sont nombreuses et
variées, à partir du système protecteur qui accumule
artificiellement les capitaux entre les mains de
l'industrie — doivent être considérées comme un
empêchement sérieux à toute culture intensive. On
a créé une banque des paysans qui a permis l'achat
par ces derniers, dans l'espace des 14 années, de
1883 à 1901, de plus de 5 millions de dessiatines,
mais on n'a rien fait pour permettre à ces mêmes
paysans de tirer un plus grand profit de leurs lots,
en y employant des engrais chimiques et en rom-
pant avec le système archaïque de l'assolement
triennal. Aussi suis-je de l'avis de ceux qui, comme
le professeur Tchouprov, considèrent la question
agraire russe comme infiniment plus complexe que
ne le font supposer les réclamations, élevées de
toute part, contre la pénurie des terres aux mains
des paysans. Cette question ne pourra être réglée
d'une façon tant soit peu rationnelle que par une
assemblée des représentants du pays mis au cou-

rant de tous les besoins locaux et suffisamment éclairés pour ne point pécher par cet excès de simplisme qu'on constate avec regret, mais sans étonnement, dans les débats des congrès paysans.

CHAPITRE X

Le 22 janvier 1905, le peuple de Pétersbourg vint demander au tzar de vouloir bien s'occuper de son sort matériel et lui accorder, ainsi qu'à tous les autres habitants de l'empire, le droit de nommer des députés, pour constituer une chambre représentative, élue d'après le suffrage universel direct et secret. En émettant ce dernier vœu, les ouvriers de la capitale ne faisaient que reproduire un des points culminants du programme des socialistes-démocrates qui se sont toujours prononcés en faveur d'un vote direct, émis par tous les habitants de l'empire. Depuis ce temps, aucun des partis politiques russes n'a eu le courage d'inscrire dans son programme autre chose que le suffrage universel égal, direct et secret. On dirait qu'il existe une entente cordiale à ce sujet entre conservateurs, libéraux et socialistes ; chacun espère trouver dans le vote populaire un soutien pour les

idées qui lui sont chères. Le conservateur spécule
sur l'attachement des paysans au tzar chef de l'orthodoxie ; cet attachement peut être ébranlé chez
ceux d'entre eux qui ont passé par l'école primaire ; il garde encore son caractère mystique au
sein des masses villageoises, accoutumées depuis
longtemps à rattacher à l'initiative impériale tout
ce qui leur arrive d'heureux, et à rendre responsables de tous leurs chagrins les employés qui, à
leurs yeux, sont des nobles : même le plus petit
d'entre eux ne se fait-il pas appeler « votre
noblesse » ? Cet attachement au tzar, doublé de
haine pour les nobles et pour les chefs administratifs du district et de la province, qu'ils soient
nommés par l'autorité centrale ou élus par les membres de leur ordre ou de leur classe, a été entretenu en partie par les autorités elles-mêmes qui
faisaient entendre aux paysans que toutes les
mesures dont ils ont bénéficié, depuis la loi émancipatrice de 1861, n'ont eu d'autre origine que la
bonne volonté du petit-père, lequel, à cette occasion, a eu à subir plus d'une fois l'assaut égoïste
des nobles. Quand paraît un nouveau manifeste,
le paysan y cherche des concessions à son propre
profit ; ne les trouvant point, comme ce fut le cas
le 30 octobre dernier, il est tout prêt à y voir l'influence néfaste des grands qui entourent le trône
et veulent lier les mains de l'empereur. Quand on
se rend compte du vrai caractère du peuple russe,
on commence à comprendre la raison qui pousse

des réactionnaires avérés, comme M. Souvorine père, à s'inscrire en faux contre tous ceux qui — et j'en suis — prétendent que l'éducation primaire, la possibilité de lire le texte d'un manifeste électoral, est une condition indispensable pour émettre un vote en toute conscience de cause. On s'explique également pourquoi la droite libérale, surtout depuis les dernières grèves, s'est laissée pénétrer de cette idée qu'en élargissant le système du vote et en arrivant ainsi aux couches profondes du peuple, on était sûr de touver les éléments nécessaires pour le maintien de l'ordre. N'était-ce pas le peuple qui avait maltraité les grévistes, et ces bandes noires qui avaient fait bloc avec les policiers, les gendarmes et les cosaques, dans l'extermination des Juifs et des intellectuels, ne se recrutaient-elles point parmi la populace, la « partie saine » de la population des campagnes et des villes ? Un autre raisonnement paraît également pousser les conservateurs à soutenir le suffrage universel. La souveraineté une fois abandonnée par le tzar, ne peut revenir de droit qu'à l'ensemble du peuple, à moins de constituer une classe de privilégiés. Or, on a assez souffert des privilèges et on ne tient pas à recommencer en en créant de nouveaux. Cette idée fut, naguère encore, exprimée très nettement par de petits marchands, appelés à siéger au conseil municipal de Pétersbourg. Ils déclaraient qu'aussi longtemps que le tzar voulait garder son autocratie, ils étaient les premiers à la défendre envers et contre tous ; mais cette autocratie une fois sacrifiée, ils ne voyaient pas à qui pouvait revenir le pouvoir suprême, sinon au peuple tout entier.

Bien plus conséquents avec eux-mêmes dans leur défense du suffrage universel apparaissent les deux grands partis révolutionnaires, l'un plutôt ouvrier, l'autre surtout paysan. Le renversement de l'ordre actuel des sociétés auquel ils tendent sciemment, ne peut se faire qu'à une condition : celle du mouvement des masses ; ce mouvement peut s'effectuer de deux manières : ou par une révolution armée triomphante, ou par voie pacifique, à la suite d'un vote décrétant la confiscation des biens privés au profit de la nation. Mais quel plus sûr moyen d'arriver à un pareil vote, que d'armer les masses populaires d'un suffrage direct et secret. A moins d'avoir affaire à des fous, il serait difficile de trouver un paysan prolétaire qui refusât d'acquérir l'usage de la terre pour rien, ou un ouvrier qui ne consentit à avoir sa part dans les bénéfices de l'usine. C'est à la suite de ce raisonnement très simple, sans être simpliste, que les destructeurs de l'ordre social ont toujours été partisans du vote universel, direct et secret. Mais ce qui dépasse mon entendement, c'est que les classes dirigeantes intéressées au maintien de l'ordre social existant et ne voulant se départir à titre gratuit de la moindre parcelle de leurs biens, trouvent bon d'inscrire dans leurs programmes la même

devise. Or, c'est là le cas du parti constitutionnel
démocratique. Quelle explication donner à un
pareil engouement ? Je vois souvent apparaître
dans les débats du congrès des zemstvos cette
phrase typique : telle ou telle solution s'accorde
on ne peut mieux avec le dernier mot de la science.
Ne serait-ce pas là la raison déterminante qui
pousse nos conseillers généraux et municipaux
qui, ne possédent de la science politique que ce
que des brochures socialistes traduites de l'allemand et du français ont bien voulu leur apprendre,
à considérer le suffrage universel comme le seul
moyen de placer la Russie au même niveau que
les pays les plus avancés de l'Europe ? La critique
des résultats atteints par le suffrage universel, le
doute exprimé à son égard par plus d'un esprit
cultivé, l'idée que le suffrage universel peut conduire
à des fins radicalement contraires, selon le niveau
intellectuel de ceux qui en jouissent, le fait même
que le césarisme napoléonien y a trouvé sa base,
ni plus ni moins que la république, que le triomphe
des masses populaires peut servir les intérêts des
nationalistes réactionnaires aussi bien que ceux des
niveleurs, que le suffrage universel n'empêche point
le parti clérical de rester pendant des années maître
de la situation en Belgique, que la crainte de placer
cette arme dangereuse entre les mains des foules
illettrées de l'ancien royaume des Deux-Siciles
paralyse l'agitation en faveur de l'extension du
droit de vote en Italie — toutes ces données et

toutes ces considérations n'ont aucune portée aux yeux des constitutionnalites-démocrates russes. On dirait que, par une fatale loi de l'histoire, les mêmes fautes sont commises et les mêmes utopies professées à la distance d'un ou de plusieurs siècles. Les nobles qui siégeaient à la constituante ne voyaient pas le danger que l'extension du droit de vote, demandée par les Duport, les Barnave et les Lameth, pouvait avoir pour leurs propres intérêts. Ils avaient l'air de traiter ce droit comme étant d'ordre naturel, pour ainsi dire attaché à la personne humaine, comme si le droit de gouverner ses semblables ne supposait pas une aptitude qu'on acquiert par l'éducation et non par la seule naissance. Si le droit de vote était un droit comme celui de changer de domicile à son propre gré ou d'exprimer par la parole et les écrits des pensées qui vous sont chères, on ne verrait pas pourquoi les peuples n'ont voulu l'accorder jusqu'ici qu'au sexe fort, pourquoi ce même droit est limité dans les pays de suffrage universel à des personnes ayant atteint l'âge de la maturité, pourquoi, enfin, dans un pays aussi démocratique que la France on est loin de le reconnaître aux tribus Arabes ou Kabyles de l'Algérie, pourquoi les Américains ont trouvé bon de refuser aux Peaux-Rouges le droit de prendre aucune part à la vie politique de l'Union et ont érigé en Territoire, privé comme tel de toute représentation au Congrès, la région qu'ils habitent. Le simplisme de nos démo-

crates — constitutionnels apparaît au grand jour
tant au sein des débats qui se produisent aux séances de l'ainsi dite Union des Unions, lorsqu'il
s'agit d'élaborer le projet d'une loi électorale,
qu'aux séances des commissions et des sous commissions nommées par les congrès des zemstvos à
la même fin. Je fus invité de prendre part aux travaux des uns et des autres. On me fit même l'honneur de me nommer président dans une réunion
où un rapporteur voulut bien soumettre à notre
appréciation le projet d'une future loi électorale
devant correspondre aux croyances et aux désirs
de la grande majorité des membres de tous les
groupements professionnels dont l'Union des
Unions n'est que le comité exécutif. Le projet en
question appelait au droit de vote toutes les classes
de la société, sans distinction de sexe et de nationalité, et ne leur demandait pas même un domicile
stable. A une question : Et que ferez-vous des
vagabonds ? on me répondit qu'ils voteraient
comme les autres et qu'on ne ferait d'exception
que pour l'armée, la police, et les officiers du
ministère public, ces derniers évidemment afin de
leur éviter de fâcheuses rencontres avec les gens qui
pourraient être arrêtés sur leur ordre.

Je ne fus pas plus édifié le jour où il m'a été
donné d'assister aux séances de la sous-commis-
sion nommée par le congrès des zemstvos et
devant lui présenter un projet de loi électorale.
On soumit aux débats la proposition de reconnaî-

tre un droit de vote aux citoyens des deux sexes
ayant atteint l'âge de 21 ans. Il paraît que le nombre des lettrés parmi les électeurs grandit au fur
et à mesure qu'on abaisse les exigences quant à
l'âge des votants. Un statisticien, M. Michaïlovsky,
a bien voulu me mettre au courant d'une enquête
entreprise par lui dans plusieurs provinces centrales de la Russie d'Europe. Le résultat obtenu
est qu'en abaissant l'âge de la maturité civique de
4 années, c'est-à-dire en appelant au vote non les
personnes ayant atteint 25 ans, comme on avait
voulu le faire d'abord, mais celles à peine majeu-
res, on doublait presque parmi les électeurs le
nombre des lettrés. Le fait est curieux à noter ;
il suffit pour expliquer la raison pour laquelle le
projet définitif s'est arrêté à la limite de 21 ans,
comme devant départager ceux qui seront tenus à
distance des urnes électorales et ceux qui pourront
y déposer leur bulletin de vote.

Quant aux exclusions, le projet n'en admet point
pour les tribus nomades de l'empire ; à peine si
la considération d'une densité insuffisante de la
population a poussé ses auteurs à ne point étendre les dispositions de la loi électorale à quelques
parties septentrionales de la Russie. On n'exi-
gera point de domicile fixe des personnes dési-
reuses d'exercer leur droit de vote, une bonne partie de la population se déplaçant en été pour des
travaux agricoles. Seules les personnes sous tutelle,
ou ayant subi des condamnations judiciaires les

11.

privant de l'exercice de leurs droits pour un certain temps, à moins que leur crime ne soit d'ordre politique, enfin les personnes vivant de la bienfaisance publique, n'auront point le droit de déposer des bulletins électoraux. Cette dernière exclusion fut d'ailleurs rejetée, mais on vota de commune voix l'exclusion des préfets et des sous-préfets, de la police et des officiers du ministère public, ainsi que de tous ceux qui exercent le service militaire actif.

La reconnaissance du droit de vote aux deux sexes détermine nécessairement un très grand nombre d'électeurs. Aussi a-t-on trouvé bon de prendre pour règle que 150.000 habitants devaient avoir un député et constituer une circonscription électorale. J'avais beau déclarer qu'il m'était impossible de concevoir la façon dont 150.000 individus pouvaient trouver dans leur milieu une personne suffisamment connue et respectée de tous pour s'imposer à leur choix ; on me répondait généralement en disant qu'une bonne partie des électeurs s'abstiendraient sagement de toute participation au vote et que, par conséquent, le problème deviendrait de fait plus réalisable. On aurait certainement repoussé mes critiques d'une façon plus victorieuse en déclarant que les agitateurs des partis sauraient bien dresser des manifestes si alléchants qu'à condition de recevoir la terre pour rien et une journée ouvrière de 8 heures, les électeurs voteraient les yeux bandés pour tous les charlatans qui voudront bien signer de leurs noms de pareilles promesses.

Comment accorder des demandes aussi larges que le suffrage universel égal et direct avec ce système de curies électorales auquel le gouvernement s'est attaché, en partie sur l'exemple de l'Autriche, en partie dans le but de donner à la représentation générale du pays les mêmes bases que celles sur lesquelles est bâtie la représentation locale, tant départementale que municipale ? La loi, du 6 (19) août qui a doté l'empire d'une Douma, ou assemblée nationale représentative, a cru pouvoir ériger en des curies indépendantes les paysans communalistes d'une part, les propriétaires fonciers individuels de l'autre, les locataires des villes et les personnes payant un droit de patente, c'est-à-dire admises à l'exercice d'une industrie et d'un commerce. C'est ainsi qu'à côté des ouvriers des villes, ayant rompu avec le travail agricole et quitté leurs communes, les intellectuels, à moins de payer un impôt très élevé sur leur loyer, ne pouvaient prendre aucune part aux élections. On peut juger de la rigueur de la loi par rapport aux personnes n'ayant point de propriété immobilière, par ce seul fait qu'à Pétersbourg on ne pouvait exercer le droit de vote qu'à condition de payer 1.300 roubles de loyer, c'est-à-dire la valeur de 3.000 à 3.500 francs. Le législateur privait en même temps, par ces mesures, le clergé de toute participation à la conduite des affaires ; aussi, sur

la demande du procureur de la Sainte-Synode,
Pobiedonostziff, fit-on une exception au profit des
curés des campagnes, tout en sacrifiant ceux des
villes. Pour ne point rompre entièrement avec
l'ensemble du système, on accorda aux curés le
droit d'émettre un vote en tant qu'usufruitiers des
terres attachées aux paroisses. On arriva de la sorte
à établir une espèce de pays légal très composite.
A côté de propriétaires fonciers, à cens électoral
entier et autorisés pour cette raison, à procéder
directement au choix des électeurs, sinon des députés, on en admit d'autres ne possédant qu'une parcelle déterminée du même cens ; on les invita à se
réunir et à nommer un certain nombre d'électeurs.
Chaque groupe possédant en commun le nombre
d'hectares nécessaire pour constituer un cens électoral nomme un électeur. Quant aux paysans communalistes, ils ne sont point appelés à émettre un
vote à titre individuel, mais par maisonnée. Les
villages ne formant qu'une partie du canton ou
volost, leurs délégués se réunissent pour nommer
un certain nombre de personnes, lesquelles sont
appelées à siéger dans des assemblées de la circonscription électorale, dans le but de nommer des
électeurs. Ces électeurs au 3ᵉ degré se rencontre-
ront avec les électeurs au premier degré nommés
par les propriétaires fonciers individuels, et ceux
nommés par les curés des paroisses, et leur vote
commun indiquera la où les personnes appelées à
exercer les pouvoirs de députés. Le système des

élections dans les villes est moins compliqué, le collège n'étant composé que des trois classes d'électeurs : ceux nommés par les propriétaires de maisons, ceux nommés par les locataires et ceux payant une patente. La classe lettrée reste, d'après la loi du 6 (19) août, presqu'entièrement éléminée, car dans son milieu on trouve peu de personnes suffisamment aisées pour franchir les limites du pays légal.

Les défauts de la loi électorale ne consistent pas uniquement dans l'élimination des travailleurs de tout ordre, à l'exception du peuple des campagnes, mais encore dans la façon dont elle règle la proportion dans laquelle les villes sont appelées à prendre part à la représentation du pays. Le législateur n'a eu d'autre mesure, lorsqu'il s'est agi de créer les circonscriptions électorales, que le nombre des habitants. Toutes les villes n'ayant pas atteint le chiffre de 100.000 âmes sont appelées à élire des députés en commun avec les districts ruraux. Une ville ayant 100.000 habitants nomme un député. Quant aux villes possédant plus d'un million d'habitants, elles ne sont autorisées à avoir des représentants supplémentaires qu'en comptant 1 député pour 250.000 habitants, ce qui est également le cas pour la distribution des représentants entre les circonscriptions de campagnes. Ce taux de 250.000 habitants n'est atteint, et dépassé, en dehors des deux capitales, que par quelques villes situées sur les confins du pays, telle Varsovie ou Odessa. Ceci

a déterminé le législateur à reconnaître aux villes
de moindre importance, mais avec une population
de 100.000 hommes au minimum, le droit d'avoir
leur représentant, grâce à quoi plusieurs cités possédant un passé historique glorieux, tel Iaroslav
par exemple, ont pu bénéficier de cet avantage. La
population des campagnes étant 15 fois plus grande
que celle des villes, il n'est pas étonnant que la
représentation de ces dernières au sein de l'assemblée ne constitue qu'une faible partie de la représentation générale. Mais la Russie est probablement
le seul pays du monde où le législateur n'ait pas
trouvé nécessaire de choisir pour base de répartition des députés entre les circonscriptions électorales autre chose que le nombre des habitants. Les
intérêts industriels, commerciaux et intellectuels,
ainsi que le rôle joué par certains centres dans le
passé historique d'une nation, ont partout déterminé une plus grande représentation des villes au
sein des parlements. Ce n'est certes pas pour le
nombre de ses habitants que York est appelé à
nommer deux représentants et que les mêmes
droits ont été reconnus en France aux ainsi dites
villes royales, dont plus d'une était loin de présenter une grande agglomération d'habitants.

Les défauts manifestes de la loi électorale du
6 (19) août ont été reconnus dès le début par la
presse périodique et des hommes d'état tels que le
comte Witte. Avant son départ pour l'Amérique,
il avait protesté contre l'exclusion des ouvriers, en

prédisant les troubles que ce fait produirait dans les principales villes de l'empire. Aussi, après le manifeste du 30 octobre s'attendait-on à voir la loi électorale entièrement modifiée dans un sens démocratique. On avait d'autant plus le droit de l'espérer que le texte même du manifeste promettait une « approximation » au suffrage universel. On a par conséquent été déçu en prenant connaissance de la nouvelle loi qui fut publiée au moment même de l'émeute de Moscou et devait, parait-il, pacifier les esprits. Ce but n'a certainement pas été atteint, quoique, ainsi que nous allons le voir, le législateur ait apporté des changements considérables à la loi du 6 (19) août. C'est que les droitiers-mêmes du parti libéral, que le comte Witte avait appelés à lui prêter leur concours pour l'élaboration d'une nouvelle loi, étaient plutôt partisans du suffrage universel indirect que de cette extension du droit de vote à tous les locataires et à tous ceux qui vivent d'un revenu fixe, quoique minime, dont il est question dans la loi électorale de Décembre. Le document publié par le conseil des ministres dans le but d'expliquer le caractère de la nouvelle loi fait lui-même prévoir que le gouvernement sera tout disposé à reconnaître à la future assemblée nationale le droit de réformer le système électoral en le rapprochant du suffrage universel. Voici, en effet, ce que le comte Witte et ses collaborateurs trouvent bon de communiquer au public, afin d'assurer un accueil favorable à leur

nouvelle œuvre législative. « Il est incontestable,
disent-ils, que la nouvelle loi ne contentera point
ceux qui, pour des considérations d'ordre abstrait,
demandaient un suffrage universel égal et direct ;
mais ne perdons point de vue que ce dernier système est loin d'être le dernier mot quant à la façon
d'établir un gouvernement représentatif. Parmi les
états qui ont pris le devant sur la Russie dans le
domaine de l'évolution politique, le suffrage universel n'est pas reconnu de tous. Ces états ne
font point preuve de leur désir de passer à un
pareil système d'élection et n'élargissent les bases
de la représentation nationale qu'au fur et à mesure
du développement des classes inférieures de la
société. Tout de même, si, en Russie, laquelle est
moins préparée que tout autre pays au système
non seulement du suffrage universel, mais d'un
suffrage politique quelconque, la majeure partie de
la population est néanmoins pénétrée d'une conviction consciente quant aux services que peut rendre
à l'état un pareil mode de votation, rien n'empêche
l'assemblée nationale, en vertu du manifeste du
17 octobre, de soulever la question d'une extension ultérieure du droit de vote. Jusqu'ici nous continuons à ignorer quel est là dessus l'avis de tous
les habitants de l'empire. Aussi, le gouvernement
ne se croit-il point en droit de rompre entièrement
avec le système sur lequel sont établies les élections
locales et celles des divers ordres sociaux, système qui, pour cela même est entré dans les mœurs

d'une bonne partie du peuple. Un pareil énoncé
ne laisse planer aucun doute quant au fait que la
future assemblée est non seulement autorisée,
mais presque invitée par le gouvernement à s'occuper à nouveau du système électoral. La presse
périodique, les congrès des zemstvos, l'Union des
Unions, n'ont débattu pendant ces 6 derniers mois,
de toutes les questions qui se rattachent au fonctionnement régulier du régime représentatif, qu'une
seule : celle de savoir si, oui ou non, le droit de vote
est inhérent à l'individu autrement dit, si on naît
électeur. Par conséquent il est difficile d'admettre,
que la prochaine campagne électorale ne se fasse
sur cette même question et que notre première
assemblée législative ne s'en occupe pas dès le début.
Mais, dans ce cas, cette chambre sera nécessairement de courte durée, car une nouvelle loi électorale, plus large, une fois votée, de nouvelles
élections s'imposent de toute nécessité. Par conséquent, le gouvernement fait plutôt preuve d'opi-
niâtreté que de sens politique en s'en tenant au système, choisi par la loi du 6 août. Car s'il la modifie,
il le fait plutôt dans le sens d'extension des
droits reconnus aux classes productives et se préoc-
cupe peu de savoir à quel point elles sont à même
d'émettre un vote conscient, en raison d'une préparation suffisante. Il est incontestable que, sur plus
d'un point, le législateur russe est en avance sur le
législateur anglais, car il renonce à établir un minimum quelconque quant à la somme de loyer qui

autorise à émettre un vote. Mais en même temps
il conserve cette distinction entre les ordres et les
classes qui est contraire à l'esprit moderne, les
paysans étant appelés à voter indépendamment
d'autres propriétaires fonciers, et les ouvriers
indépendamment des locataires ou des personnes ayant payé un droit de patente, ou encore
de tous ceux qui gagnent un certain revenu fixe
par l'exercice de quelque service public, électif
ou non. Car la loi que nous analysons, loi
du 11 (24) décembre 1905, commence par déclarer qu'en complètant le système adopté pour les
élections par la loi du 6 (19) août, l'empereur
désire que dans les villes, le choix des électeurs
se fasse également par tous ceux qui possèdent
un bien immobilier, en propriété héréditaire ou
à vie, pourvu que cette propriété soit restée en
leur possession depuis au moins une année et
que, pendant le même laps de temps, l'impôt foncier revenant à l'état ou aux municipalités fut
payé. Il en est de même de tous ceux qui possèdent, dans les limites de la ville, un établissement industriel ou commercial, toujours à la condition de payer l'impôt durant une année au
moins. Les mêmes avantages sont reconnus à
tous ceux qui, une année durant, ont payé, dans
l'enceinte de la ville, un droit de patente ou une
contribution prélevée sur le prix du loyer, ainsi
qu'à tous ceux qui ont occupé, pendant une année
un appartement loué à leur nom, ce qui suppose

l'exclusion de tous les sous-locataires, enfin à tous
ceux qui, exception faite des domestiques et des
ouvriers, ont passé non moins d'un an dans les
limites de la ville, en vivant de leurs appointements ou d'une rente payée par l'état ou par les
zemstvos, les municipalités, les institutions électives nobiliaires ou autres, et les chemins de fer.
Les ouvriers ne sont pas exclus de toute participation au vote, mais ils forment des collèges électoraux distincts ; le nombre de délégués choisi par
eux varie selon les départements : il est de 35
dans celui de Moscou en comptant également ville
et campagne ; de 24 dans celui de Pétersbourg ;
il est de 16 dans le département de Wladimir, de
21 dans celui de Petrokow, où se trouve la cité
manufacturière de Lodz ; de 9 dans le département de Kieff, de 7 dans celui de Kharkoff, de
6 dans celui de Kherson, y compris Odessa, et il
tombe même à 2 et à 1 dans des départements tels
que celui de Toula ou d'Astrakhan. Le vote des
ouvriers est réglé de la façon suivante. Dans les
usines où le nombre des travailleurs n'est pas inférieur à 50 et ne dépasse pas 1.000, les ouvriers
sont autorisés à nommer un délégué ; dans toutes
celles où leur nombre est de plusieurs milliers on
compte un électeur par 1.000. Les délégués nommés par les ouvriers prennent part à la nomination des électeurs, tant dans les villes que dans
les campagnes, en s'associant à d'autres mandataires, nommés par les paysans, les propriétaires

individuels, les locataires etc. Ainsi, à côté d'une représentation à 4 degrés de la classe villageoise, nous aurons une représentation à 3 degrés des travailleurs dans les usines, les fabriques et les mines. Je passe plus d'un détail quant à la façon dont la nouvelle loi modifie le droit de vote au sein des campagnes. Je ne mentionnerai que ce fait que le législateur admet aux élections non seulement les propriétaires dont la fortune immobilière est suffisamment imposée au profit des Conseils électifs des arrondissements, mais encore les régisseurs et les fermiers de ces mêmes biens. Par conséquent, la loi électorale se rapproche, en ce qui concerne le vote des fermiers et celui des locataires, de la loi anglaise de 1884 et n'élimine aucune classe ayant quelque rapport avec la propriété foncière, l'industrie et le commerce, les professions libérales et le service public. Seulement, le système représentatif qu'elle introduit est un système hétérogène : la majorité des paysans n'a pas de vote individuel, les seuls admis sont les chefs de famille ; quant aux ouvriers, aux locataires, aux propriétaires individuels, aux fermiers, aux régisseurs etc., ils ont le droit de déposer un bulletin personnel. Les seuls exclus sont les travailleurs de petites industries, depuis les artisans, à moins qu'ils n'occupent un appartement loué à leur propre nom, et jusqu'aux ouvriers de fabriques n'ayant pas un personnel de 50 individus. Les critiques sorties des rangs de nos radicaux ou démocrates — constitu-

tionnels appellent également l'attention du public
sur ce fait que la nouvelle loi n'accorde le droit de
vote qu'à ceux qui exercent un travail effectif
au sein des usines ; par conséquent il suffirait, à
leur avis, que ces usines fussent fermées au
moment des élections pour rendre impossible aux
ouvriers l'émission d'un vote. En vertu de la nouvelle loi, écrit **M.** Roditcheff dans un récent article de la *Liberté du peuple*, journal récemment
supprimé, les ouvriers de chaque usine élisent des
électeurs de second degré ; les élections ont lieu
dans les locaux mêmes des usines, par conséquent,
quand celles-ci sont fermées, les ouvriers ne votent
point. Or, les usines appartenant à l'État sont sur
le point d'être fermées à Saint-Pétersbourg ; leurs
ouvriers seront, par là même, privés du droit
d'émettre un vote. Les fabricants qui ont décidé
d'interrompre le travail dans leurs usines pendant
la campagne électorale pourront également empêcher, pour la même raison, leurs ouvriers de faire
usage d'un droit qui leur est reconnu par le législateur. Je ne trouve pour ma part, dans le texte de
la nouvelle loi rien qui permette de croire que le
fonctionnement de la fabrique le jour du vote soit
une condition nécessaire pour la jouissance du
droit électoral. Il faudrait, par conséquent, que les
ouvriers fussent licenciés pour être privés du
droit de remplir un bulletin ; mais dans ce cas ils
pourront voter au sein des campagnes où ils possédent leurs parcelles dans les biens du *mir*. Il est

probable, d'ailleurs, que plus d'un renoncera à cette alternative, afin d'éviter un déplacement. Sans insister davantage sur les diverses dispositions de la loi électorale du 24 décembre, nous sommes forcés de reconnaître que, malgré ses contradictions, cette loi fait faire à notre système électoral un pas en avant, en comparaison de celle du 19 août. Elle est certainement tout aussi large que celle dont se sont contenté jusqu'ici les provinces de l'Autriche, et la dépasse même en ce que tous ceux qui ne possèdent point un cens électoral relativement élevé ne constituent en Cisleithanie qu'une seule classe d'électeurs, la cinquième par ordre, raison pour laquelle leur vote ne pèse que pour un cinquième dans le résultat général des élections (1). Au moment où l'empereur Nicolas consentit d'entrer dans la voie des réformes, c'est-à-dire à la fin du mois de février (style russe) une loi accordant le droit de vote sinon à tous les citoyens, du moins à des millions d'électeurs, représentant toutes les classes prenant part à la production des richesses nationales (2), aurait certainement reçu un

(1) Consultez les loi du 21 décembre 1867 et du 2 avril 1873.
(2) Il est curieux de constater qu'un ancien professeur de droit exerçant, à l'heure qu'il est, le métier d'avocat à Moscou, M. Léonid Wladimiroff, avait recommandé au zemstvo d'Ekaterinoslav, il y a de cela 6 mois, un système très-voisin de celui suivi par la nouvelle loi électorale, mais moins hétérogène et moins contradictoire. Son projet de vue était celui

accueil favorable de la grande majorité du pays ; mais dans cette question, comme dans toutes celles qui concernent notre régénération politique le gouvernement s'est laissé tirer l'oreille et n'a fait des concessions qu'au dernier moment. La nouvelle loi électorale, publiée au moment même d'une émeute formidable prenant presque les formes d'une révolution et tendant à l'établissement d'une république démocratique et même socialiste, n'était pas faite pour attirer sur elle l'attention du public. Et quand le mouvement insurrectionnel fut étouffé dans le rang, les esprits n'étaient vraiment pas préparés pour parler favorablement d'une mesure prise par un gouvernement qui avait outrepassé ses droits de légitime défense. Aussi voyons-nous la presse libérale garder un mutisme complet ou s'attaquer aux détails d'une loi qui a le grand tort d'apparaître trop tard et de ne point correspondre à l'engouement général pour le suffrage universel direct. D'ailleurs, le fait seul que la loi électorale récente maintient, malgré les promesses données par le pouvoir, la distinction des ordres, suffit pour lui aliéner les sympathies des

d'accorder un droit de vote à toutes les forces productrices du pays : aux propriétaires, aux capitalistes, aux ouvriers, aux fermiers, aux intellectuels vivant de leur travail littéraire ou artistique, etc. L'idée en elle-même n'était pas neuve et s'inspirait de celles qui ont cours en Angleterre. Faut-il ajouter que ce système fut plutôt bafoué que critiqué par la presse libérale, déjà éprise du suffrage universel direct.

démocrates russes. Nous en trouvons la preuve
dans une lettre envoyée à la « Correspondance
russe » par le directeur d'un journal récemment
supprimé et qui était l'organe des constitutionnalistes-démocrates. J'entends parler de la « Liberté
du peuple » et de son rédacteur en chef, le professeur Milioukoff. La nouvelle loi, écrit-il, accorde
des droits électoraux assez étendus, plus étendus que ceux qu'on trouve en Prusse et en Autriche. Mais l'analogie qu'on pourrait établir entre
le système électoral créé par la nouvelle loi et
celui qui existe en Angleterre n'est qu'apparente,
car nos électeurs continuent à être divisés en curies
et la loi établit de fait une représentation des classes et des ordres. A l'intérieur de chaque curie les
électeurs sont départagés entre les circonscriptions
électorales d'après leur lieu de résidence habituelle.
Les électeurs n'élisent pas des députés, mais des
subdélégués. Pour certaines catégories d'électeurs
cette procédure revient même trois et quatre fois
de suite. Enfin, chaque collège électoral ne peut
choisir ces délégués que parmi ses propres membres (1). Ainsi, la loi électorale qui, en somme
s'inspire des mêmes principes que ceux dont on
voit l'application en Angleterre, pèche surtout par
un retour en arrière, par son désir de donner pour
base à la représentation du peuple le maintien des

(1) V. la *Correspondance Russe* publiée par les « Amis du
mouvement libérateur en Russie », mardi 16 janvier 1906.

divers ordres sociaux, régime condamné tant par l'évolution économique récente que par l'opinion publique, depuis longtemps travaillée par l'esprit égalitaire.

CHAPITRE XI

La loi du 6 (19) août qui a doté le pays d'un conseil représentatif, conseil qui, d'ailleurs, est encore loin d'être convoqué, fut une surprise à bien des égards. Elle parut à un moment où la question de la guerre et de la paix venait d'être posée à la suite d'une série de défaites, couronnées par le désastre naval de Tzushima. On avait lieu de se demander si le tzar n'allait pas se rendre au vœu de son peuple et lui octroyer une vraie constitution, dans le but de rallier autour du trône tous ceux qui placent l'honneur national au-dessus de tous les intérêts si éprouvés par la guerre. La loi une fois parue, précédée, comme toujours d'un manifeste, ce fut une déception quasi-générale. On n'en voulait pas croire ses yeux. Le congrès des zemstoos avait réclamé une assemblée législative indépendante, possédant le droit d'initiative et celui du vote des impôts. On créait une Douma dont les

membres devaient être élus d'après un système fort
compliqué et amenant à la chambre des députés
nommés tantôt au deuxième, tantôt au troisième
et quatrième degrés. Ces députés n'étaient appelés
à émettre que des vœux, sur des questions directement soulevées par les ministres, et ces vœux
n'étaient soumis à l'approbation impériale que dans
le cas où ils étaient en parfait accord avec ceux du
conseil de l'empire, organe administratif, créé sur
le type du conseil d'état napoléonien. Une telle
institution n'avait rien de commun avec cette constituante, depuis longtemps rêvée par les partis
extrêmes, et qui, de leur avis, faisant table rase du
passé, devait créer un ordre nouveau, tant social
que politique. C'était à peine une réunion de notables, élus, il est vrai, par les classes possédantes
et constituant une espèce de bureau d'information
auprès du conseil d'état. Il s'éleva des voix, conservatrices bien entendu, pour déclarer qu'après tout
on était en avance sur le projet du comte Loris-
Melikoff, le fameux dictateur qui essaya, dans les
derniers mois du règne d'Alexandre II, de pacifier
les esprits par quelques faibles concessions aux
libéraux. Et, en effet, dans le projet de « constitution » signée, sur la demande du ministre, par
Alexandre II d'abord, et puis par Alexandre III, il
n'avait été question que d'introduire certains conseillers généraux dans le sein du conseil d'Etat ;
tandis qu'à l'heure qu'il est les élus des classes
possédantes pourront siéger dans une chambre à

part, sauf à agir en parfaite conformité d'esprit
avec le conseil de l'empire. Cette modification
n'était pas de celles qui pouvaient changer la nature
même de l'institution : les élus ne constituaient
qu'une chambre consultative, non seulement vis-à-
vis de l'empereur, mais encore, ce qui est bien
plus grave, vis-à-vis du conseil de l'empire. Le
congrès des zemstoos s'en émut et vota des résolutions qui contiennent une critique, modérée, il est
vrai, quant à la forme, mais impitoyable au fond,
de la loi nouvelle. En effet, la loi n'était pas encore
publiée que le congrès, réuni le 6 juillet 1905, se
prononçait, sur la foi des bruits reproduits par les
journaux quant au futur projet de constitution,
tant contre l'établissement d'un cens électoral et
l'omission de toute promesse de reconnaître les
droits publics des citoyens, que contre l'assujettis-
sement de la Douma au Conseil d'Etat, son manque d'initiative légale et de contrôle efficace vis-à-
vis des pouvoirs administratifs. Toutes ces critiques étaient entièrement fondées, car il suffit de
jeter un coup d'œil sur la loi du 6 (19) août pour
constater qu'il manque à cette loi une déclaration
des droits de l'homme et du citoyen et cette indépendance du pouvoir législatif vis-à-vis de l'exécutif, dans laquelle Locke et Montesquieu, et tant
d'autres sur leur exemple, ont vu avec raison une
des conditions nécessaires de la liberté politique. Je
fus un des premiers à présenter une critique
d'ensemble de la nouvelle loi, dans un rapport fait

à la société de jurisprudence du Kharkoff, pas plus tard qu'en septembre 1905. Je me permets de reproduire certaines parties de mon rapport car je ne saurai rien ajouter ni rien retrancher à ce que j'ai dit. La première impression qu'on retire de la lecture de la nouvelle loi nous fait supposer que nous nous trouvons en présence d'une chambre dotée de vastes attributions : la Douma délibère sur les projets de nouvelles lois et paraît posséder le droit d'insister sur la nécessité de certaines réformes ; elle prend part à la discussion du budget et peut critiquer les actes des ministres, non conformes aux lois. Le contrôle de la politique intérieure lui appartient en propre et elle a le droit de demander des explications aux ministres. Mais tous ces actes ne produisent leur effet que si la Douma reste en pleine conformité d'esprit avec la majorité du Conseil d'Etat, c'est-à-dire d'un corps administratif composé de bureaucrates arrivés au bout de leur carrière. C'est ainsi qu'un organe législatif est soumis à un pouvoir administratif. Partout où la Douma est appelée à intervenir, elle ne le fait que de pair avec le Conseil ; et dans le cas où le Conseil sera d'un autre avis que la Douma, cette dernière se trouvera forcée de modifier son avis et d'arriver à une entente avec le conseil par voie de concessions rarement réciproques. L'article 48 de la nouvelle loi est formel à cet égard. Les projets législatifs examinés par la Douma, déclaret-il, passent avec ses conclusions, au Conseil d'Etat,

12.

lequel envisage une seconde fois les mêmes questions et, ayant approuvé l'avis de la Douma, le soumet à l'empereur. L'art. 50 ajoute : Dans le cas où
le Conseil d'Etat trouverait impossible d'accepter
les décisions de la Douma, il peut, dans son assemblée générale, se prononcer en faveur de la création
d'une commission mixte composée de personnes
élues en nombre égal par la chambre et le Conseil
et devant arriver à une entente cordiale. Dans le
cas où cette entente n'aurait pas lieu, le projet de
loi revient au Conseil qui après avoir statué sur son
compte soumet son vote à l'appréciation de l'empereur. Il en est de même dans le cas où les membres
de la Douma ne se réuniraient pas en nombre voulu
par la loi et un tel fait se reproduirait durant deux
séances dans l'espace de deux semaines. Le ministre ayant proposé son projet, peut le transférer au
Conseil qui se prononcera sur la question soulevée,
sans attendre les conclusions de la Douma. Par
conséquent, le Conseil d'Etat reste, comme par le
passé, l'organe principal dans l'élaboration des
lois, il le fait tantôt de commun accord avec la
Douma — ce qui a lieu toutes les fois qu'ils sont
du même avis —, tantôt sans se préoccuper autrement de son intransigeance.

La Douma ne dépend pas du seul conseil d'état
quand il s'agit de l'exercice de ses attributions législatives : elle est loin de posséder même l'autorité
nécessaire pour refuser à un ministre de délibérer à
nouveau sur un projet de loi préalablement repoussé

par elle. Toutes les fois, déclare l'article 49, que les deux tiers des membres de chacune des deux assemblées se prononceront contre un certain projet. de loi, ce projet retournera au ministre qui l'a élaboré; en cas de consentement de la part de l'empereur, il peut être présenté une seconde fois aux mêmes chambres. Cela veut dire que, pour qu'un projet élaboré par un ministre soit sacrifié, il ne suffit pas d'une simple majorité dans chacune des deux assemblées : une majorité de deux tiers est nécessaire ; et même dans ce cas, l'acquiescement de l'empereur suffit pour remettre sur le tapis le même projet.

Un autre point sur lequel l'opinion publique peut être induite en erreur par le texte de la loi, c'est le droit de la Douma d'interpeller les ministres. L'art. 35 parle textuellement et uniquement du droit que les membres de la Douma ont de demander au ministre certaines explications, dans le cas où ses actes paraîtraient non conformes à la loi. Cette demande doit être faite par écrit, et n'a de portée que si elle est signée de 30 membres ; d'ailleurs, sa portée, même dans ce cas, est fort limitée, car le ministre n'est forcé de donner une réponse que dans l'espace d'un mois, et encore cette réponse peut-elle consister dans l'indication des raisons qui l'empêchent de donner des éclaircissements. Ce n'est que lorsque les deux tiers des membres de la Douma témoignent de leur mécontentement au sujet de certains actes administratifs, que le Conseil d'Etat, dans le cas où il partagerait ce mécontentement, aura le droit de le porter à la connaissance de l'empereur. Ce n'est pas à un public français que j'ai besoin d'expliquer qu'un pareil contrôle de l'exécutif par le législatif est loin d'être efficace et qu'il faut étrangement abuser des termes reçus pour en parler comme d'un droit d'interpellation. Les ministres, qui ne sont point choisis parmi les membres de la Douma, y siègent de droit, à moins qu'ils ne préfèrent se faire remplacer par des sous-ordres, à quoi ils sont autorisés par l'art. 24.

Un autre terme, en usage dans les manuels de droit constitutionnel, ne rend point non plus le vrai caractère des attributions accordées à la future chambre russe. L'art. 34 lui donne le droit de se prononcer en faveur de certains changements dans les lois existantes et même de demander leur suppression. Mais les débats de la Chambre ne deviennent le point de départ de certaines réformes que quand les ministres veulent bien s'en charger. La seule différence qui existe entre les projets de loi introduits dans la Douma par les ministres de leur propre initiative, et ceux qui sont présentés par eux sur la demande de la Chambre, est que ces derniers ne peuvent pas être retirés avant le vote.

De toutes les prérogatives reconnues à l'assemblée représentative russe par la nouvelle loi, la seule importante, à mon avis, est celle d'avoir un président élu et pouvant correspondre directement avec

l'empereur. Ceci, du moins, permet à la Chambre de
faire arriver l'expression de ses vœux aux marches
du trône, sans courir le risque de voir ces vœux
interceptés, ou défigurés, par les membres de la
toute-puissante bureaucratie. C'est à cela que se
réduisent les libertés constitutionnelles accordées
par la loi du 6 (19) août. Leur insuffisance saute
tellement aux yeux que l'opinion publique ne
fut point partagée sur la question de savoir si, oui
ou non, on ne mettrait pas à profit tous les
moyens de résistance pour arriver à un développement ultérieur du régime représentatif russe.
Un moyen, entre tous, paraissait être efficace :
c'est celui préconisé par les socialistes-démocrates de l'univers entier et mis en pratique en 1893
par le peuple belge. J'entends parler de la grève
générale. Elle dépassa cette fois toutes les attentes
et eut pour suite la publication du manifeste du
17 (30) octobre, lequel accorda *primo*, en principe,
les 5 libertés nécessaires, notamment : la liberté
individuelle, la liberté de conscience, la liberté de
la presse, la liberté d'association et la liberté
de réunion,..... sauf à les reprendre dans la suite
par des lois telles que celle sur la presse, qui rem-
plaça la censure préventive par un nombre infini
de cas délictueux prévus et punis par la loi
criminelle. En second lieu, le manifeste contient
une promesse, de ne point reconnaître le caractère
de loi à toute mesure non votée par la Douma ou
assemblée ; ceci, bien entendu, n'équivaut pas à

reconnaître aux représentants du peuple un droit d'initiative et ne donne point lieu à espérer que le gouvernement n'abusera pas, comme il le fait, d'ailleurs, en ce moment, de son droit de publier des décrets administratifs ayant force de loi. En troisième lieu, le manifeste promet de revoir la loi électorale du 6 août et d'en élargir les bases. Nous avons vu quel compte il a tenu de cette promesse et à quel point les solutions qu'il vient de donner sont loin de correspondre à ce vœu de suffrage universel égal et direct que tous les congrès des zemstvos et tous les groupements professionnels ont plus d'une fois émis. Le télégraphe nous annonce, en dernier lieu, que le comte Witte a l'intention de modifier la constitution du Conseil de l'empire : ce dernier comptera désormais 176 membres ; la moitié de l'assemblée se composera de députés élu dont 34 par les zemstvos, 18 par la noblesse, 12 par les négociants et 12 par les fabricants, 6 par les électeurs du Caucase et 6 également par les électeurs de la Pologne. Le président du conseil est en train d'arrêter les termes d'une loi définissant les relations entre la Chambre haute et la Chambre basse (1).

Cette loi, bien entendu, sera impuissante à faire d'un collège administratif une Chambre haute et à briser la dépendance du pouvoir législatif vis-à-vis de l'exécutif.

---

(1) Cette loi vient d'être publiée, notament le 20 février 1906 style russe.

Il serait superflu, à mon avis, de continuer l'analyse d'une loi qui, certes, pourra servir à régler les rapports futurs de l'assemblée avec le pouvoir, mais qu'il serait ridicule de considérer comme une constitution définitive de l'empire russe. Quant à cette dernière, je n'en vois point paraître, à l'heure qu'il est, même les premiers linéaments. Car, dans tout ce qu'on nous offre, tant au nom du gouvernement qu'au nom des partis, je ne vois que la copie des procédés encore en vigueur ou ayant jadis servi en Europe pour assurer la paix intérieure et la vie commune de quelques dizaines de millions d'habitants, unis par un passé commun remontant presqu'à l'époque romaine. On a lieu de se demander si le régime centraliste, dont paraissent s'accomoder, non sans peine, des peuples entièrement unifiés comme, par exemple, les Français, sont à même de pousser des racines profondes dans un sol qui, comme étendue, dépasse les dimensions de l'Europe et, comme population, arrive au chiffre de 130 millions. N'oublions pas qu'il s'agit d'un peuple départagé jusqu'au xvie siècle entre des états aussi indépendants que l'étaient la grande Tartarie, avec ses principautés vassales de Kazan et de la Crimée, la Pologne et la Lithuanie, avec une frontière militaire flottante, peuplée de cosaques plus ou moins indépendants et qui ont fini par se désagréger et par constituer la Petite-Russie et l'Ukraine. Le noyau de la Russie, le duché de Moscovie lui-même, malgré les empiètements faits sur les voisins par tous ses princes, à partir d'Ivan Kalita, ne s'étendit au nord et à l'ouest qu'à la fin du xve et au commencement du xvie siècle, grâce aux conquêtes faites sur les républiques indépendantes de Novgorod et de Pskov et les cités livoniennes, faisant partie d'un monde politique entièrement hétérogène par sa constitution féodale et par la différence de race entre les classes dirigeantes et les classes asservies. J'entends parler de ces provinces Baltiques qui ne furent définitivement annexées à la Russie que sous Pierre le Grand et l'impératrice Anne et qui, de nos jours encore, présentent le spectacle de luttes intestines dont le premier germe a été semé par les chevaliers du glaive, cette poussée de la chevalerie allemande finissant par fonder un état à moitié religieux et à moitié séculier. Je n'ai encore rien dit de la Sibérie, dont la réunion à la Russie, sous le règne de Jean le Terrible, n'a fait que préparer la marche progressive des armées russes, sous Alexandre II, vers l'Amour et le Pacifique, vers le Syr-Daria, l'Oxus des anciens, le Turkestan et le Bokhara. Quant à la Pologne elle-même et aux deux autres pays limitrophes — la Finlandre et le Caucase — leurs destinées politiques n'ont été liées à celles de la Russie que depuis Catherine II et Alexandre Ier. Encore faut-il ajouter que la conquête du Caucase n'a été achevée que sous Alexandre II, c'est-à-dire il y a moins d'un demi-siècle. Tout cet ensemble de régions ayant eu un passé fort différent de celui de la Moscovie

et qui sont habitées par des tribus et des peuplades hétérogènes, menant des genres d'existence
fort divers, depuis l'état nomade jusqu'à la société
industrielle capitaliste, ne sont pas faites pour être
soumises aux mêmes institutions. Il est ridicule, à
mon avis, de parler d'une participation quelconque
au régime constitutionnel des Tchouktchi et des
Jacoutes, des Tcherkesses et des Svanètes, comme
il est d'autre part, très hasardeux de supposer que
les Polonais voudront se contenter d'envoyer des
députés à une diète russe où ils ne seront qu'en
petit nombre et, par conséquent, souvent dans l'impossibilité de revendiquer avec succès la reconnaissance de leurs droits nationaux. Le caractère
hétérogène des parties dont s'est formé l'empire
russe, empire qui, jusqu'ici, n'a été maintenu dans
son intégrité que par un pouvoir sans limites,
s'appuyant sur une armée de plusieurs millions,
entièrement à ses ordres, ressort non seulement du
fait du grand nombre des nationalités qui l'habitent, mais encore des différences qui existent entre
elles au point de vue des mœurs, des coutumes, du
droit, sans parler de différences de langue et de
civilisation. Pour ne prendre qu'un côté de la
question, signalons ce fait que le code Napoléon
régit la Pologne, que la Petite-Russie possède ses
lois locales et ses coutumes, dont l'origine remonte
aux statuts de Lithuanie, que dans les villes des
provinces baltiques on n'a point perdu le souvenir
des statuts municipaux d'origine allemande, que

la Géorgie, au moment de son annexion à l'empire,
c'est-à-dire sous le règne d'Alexandre Ier, avait son
propre code de lois, celui de Vakhtang, que les
tribus tartares de la Transcaucasie sont régies par
des lois musulmanes connues sous le nom de
chariat, que le droit coutumier a été encore naguère
seul en vigueur parmi les montagnards du Caucase,
ainsi que parmi les tribus à moitié nomades des
Kalmoucks et des Kirghizes, parmi les chasseurs et
les pêcheurs de la Sibérie, ainsi que chez les Lappes
et les Samoïèdes de l'extrème-nord de la Russie
d'Europe. Ai-je besoin de dire que ces peuplades
à moitié civilisées ne réclament point de libertés
constitutionnelles ? Elles tiennent à l'indépendance
de leurs clans, désirent garder, autant que possible,
une vie autonome et se contenteraient, par conséquent, d'une situation voisine de celle faite par les
Anglo-Américains aux peuplades indigènes qui
habitent le territoire indien. D'autre part, le royaume
de Pologne, la Lithuanie, la Petite-Russie, la Géorgie, élèvent leurs voix en faveur de diètes locales
pouvant régler les questions qui intéressent ces provinces tout en restant étrangères à l'ensemble du
pays. Il y a un grand fond de vérité dans ces réclamations, car on a peine à comprendre comment
une assemblée législative russe ferait pour résoudre
des problèmes qui demandent une connaissance
approfondie des conditions locales, telle la question
des tenures héréditaires en Gourie, tenures connues
sous le nom de *khisanes*, ou encore la question des

censives polonaises (les « tchinchs »), dont la Russie en tant que pays non-féodal, n'a jamais connu le premier mot. Le fédéralisme qui s'est imposé à l'Allemagne et à l'Autriche, malgré l'existence, pendant des siècles, du Saint-Empire romain, s'impose bien autrement en Russie, où l'union n'a jamais été suivie d'une pénétration mutuelle et n'a pu être maintenue qu'à la pointe de l'épée. On a beau dire que le russe est parlé de Varsovie à Vladivostok, comme — l'allemand de Mulhouse à Lemberg : cela n'empêche pas que dans leurs relations sociales les Polonais, les Petits-Russiens, les Géorgiens, les Arméniens, les Tartares, les Kirghizes, etc., etc., ne font généralement usage que de leur propre idiome. Et cet emploi d'une langue qui leur est chère n'est que le signe extérieur d'un ardent désir d'assurer le maintien de leur civilisation particulière, des mœurs qui leur sont propres, des restes d'anciennes institutions et d'anciennes coutumes. Une constitution stable ne peut être assurée à l'empire russe qu'à condition de trouver le moyen de mettre d'accord l'unité du pays avec les tendances centrifuges des diverses parties dont il est formé. Je ne vois point la nécessité de créer en Russie un mouvement factice universel en faveur du fédéralisme ; pour cette raison, je m'inscris en faux contre ceux qui voudraient reconnaître à chaque province le droit d'être régie par son assemblée provinciale. Mais, d'autre part, je ne vois point quel intérêt la Russie aurait à s'opposer à un certain degré d'autonomie de la part de la Pologne ou de l'ancien royaume de Géorgie. Là où la pénétration mutuelle des nationalités d'une même race a été plus profonde, il suffirait peut-être, pour satisfaire les besoins d'une certaine indépendance, d'une loi accordant l'usage de l'idiome local, à côté de la langue russe. Cet usage ne devrait pas être limité aux seules écoles primaires, aux bureaux administratifs locaux et aux cours judiciaires de première instance ; je ne vois pas pourquoi une université petite-russienne ne pourrait pas exister à côté d'universités russes, ou pourquoi, au moins, des cours spéciaux faits en petit-russien et traitant de la langue et de la littérature petite-russienne, ne pourraient pas se faire dans certaines de nos écoles supérieures. Quant à rétablir l'autorité d'une espèce de chef à moitié militaire, à moitié civil, dans la personne du *hetman* des Petits-Russiens — charge qui a été réduite à rien et en définitive abolie à partir de la trahison de Mazeppa, — je crois que personne n'y songe, ni à Kieff, ni à Poltava ou Tchernigoff.

Il suit de l'ensemble des idées que je viens d'émettre que la Russie n'est pas faite pour avoir une Chambre unique, à l'exemple de celle de la Bulgarie ou de la Grèce moderne. A côté de la Douma de Pétersbourg, on fera bien de créer des diètes locales, à Varsovie, à Tiflis, peut-être même en Sibérie. Les questions qui concernent la défense du pays et la politique étrangère, le régime du commerce, des manufactures et des douanes, les

poids et les mesures, la monnaie et les banques et
certaines parties du droit civil, notamment tout le
droit commercial, les contrats et les lettres de
change, ainsi que le tarif des transports par chemins de fer et par voies fluviales, etc., doivent être
du domaine de l'assemblée nationale ; quant aux
autres questions d'ordre social et économique, telles
la question agraire ou la question ouvrière, la
législation qui concerne la propriété foncière et le
bail, l'organisation de la justice et l'instruction publique, les voies de communication locales, les institutions de crédit du même caractère, etc., etc., elles
pourraient être soumises aux délibérations des diètes
régionales. Moins surchargée de besogne, l'assemblée représentative russe l'accomplirait mieux et
par conséquent avec plus de profit pour l'ensemble
du pays. Les affaires qui lui resteraient soumises
n'auraient pas à souffrir de l'antagonisme des races
et des nationalités ; on n'aurait pas à s'occuper de
coalitions factices dirigées contre le peuple russe
par des minorités polonaises, allemandes ou géor-
giennes. La paix intérieure serait assurée et la
bonne entente entre la majorité des Russes et la
minorité des peuples annexés assurerait au pays
une telle cohésion et une telle force vis-à-vis de
l'étranger que toutes les récriminations en faveur
du maintien de l'autocratie, comme pouvant seule
sauvegarder l'unité de l'empire, seraient réduites à
néant.

Il va de soi qu'une constitution tant soi peu fédé-

raliste de l'empire ne pourra s'établir qu'à la suite
de larges concessions faites par les moscovites aux
pays situés sur les confins de l'empire. Il faut rompre entièrement avec cette néfaste tendance à la
russification dont le moindre défaut a été de n'avoir
abouti à aucun résultat efficace. Que les Polonais
restent Polonais et les Géorgiens — Géorgiens ; que
le Petit-Russien et l'Allemand des provinces Baltiques cultivent leurs langues et leur littérature
comme ils l'entendent. Le bien-être du pays, son
unité et sa force vis-à-vis de l'étranger, n'auront pas
à en pâtir, car il n'y a point d'unité sans concorde
et de concorde sans reconnaissance de droits et de
devoirs réciproques. Il faudrait, d'autre part, un
grand optimisme pour admettre que cette évolution
de l'empire dans un sens fédéraliste se fera du jour
au lendemain, et que nous n'aurons pas à souffrir,
dans notre avenir le plus proche, du même choc
des forces centrifuges et centripètes que celui qui
s'est produit tant dans le monde latin que dans le
monde germanique. Nous ne sommes qu'à la veille
d'une évolution plus ou moins spontanée de nos
institutions politiques ; nous n'avons pas l'habitude
de régler nos désirs selon l'efficacité des moyens
dont nous disposons. La tentative récente de proclamer une république socialiste à Moscou peut en
servir de preuve. Nous ne sommes pas, par conséquent, à l'abri de nouveaux projets tout aussi fan-
taisistes, à partir de ceux qui consisteraient à faire
accorder la liberté individuelle avec le tzarisme, et

en terminant par cette autre utopie d'un empereur
devenu pupille d'une assemblée unique. Mais toutes
ces aventures constitutionnelles ne feront que retar-
der la marche nécessaire de l'empire russe vers une
transformation radicale, qui consistera surtout à
remplacer la centralisation administrative et législative par des libertés locales, d'une part, et l'autonomie de certaines régions, de l'autre ; sauf à
maintenir les nationalités encore rebelles à la culture moderne à l'état de peuples gardant leur indépendance intérieure, à condition de ne point s'occuper de l'ensemble du pays. L'exemple des Anglo-
Américains me paraît en cela utile à suivre. Ils ne
renoncent point à l'idée de faire, à la longue, d'un
« territoire » un « état », admis, comme tel, dans le
sein de l'Union ; rien ne nous empêchera, dans
l'avenir, de reconnaître aux régions caucasiennes ou
sibériennes le même caractère de provinces autorisées à envoyer leurs mandataires à l'assemblée
nationale. Nous le ferons le jour où les habitants
de ces contrées passeront du régime du clan à un
état social voisin du nôtre. Mais aussi longtemps que
cette évolution ne sera pas faite, il n'est pas dans
l'intérêt des deux parties de siéger côte à côte
lorsqu'il s'agit de régler leurs affaires intérieures.
La majorité des membres de la Douma russe sont
incompétents à se prononcer sur des questions qui
se rattachent à la vengeance du sang ou aux
rapports des supérieurs et des inférieurs dans le
sein d'un même clan, Ai-je besoin de dire que ceux

qui vivent sous ce régime sont tout aussi peu
préparés à traiter en connaissance de cause la majorité des questions qui embrassent la politique intérieure et extérieure de la Russie, ainsi que son
régime légal. Renonçons à l'idée que le droit de
suffrage naît avec l'homme, et demandons à ceux
qui y sont appelés une préparation suffisante.

Ainsi, la constitution de l'empire russe ne peut
être faite sur le modèle de n'importe quel pays
fortement centralisé, quoique démocratique. Elle
exige un ensemble d'institutions assurant, de pair
avec l'unité du pays, un large self-government
local qui, pour certaines régions, s'étendrait jusqu'à l'autonomie, et pour d'autres n'entraînerait à
sa suite aucune participation au maniement des
affaires communes. Provinces, régions, territoires,
tels seraient les divers composants de l'empire
russe. Sans devenir une fédération d'états, il éri-
gerait en colonies plus ou moins indépendantes de
vastes pays qui, quoique limitrophes, ne sont pas
moins des colonies, ayant leur passé historique
distinct, leurs propres mœurs, lois et coutumes, et
souvent des idiomes que le Russe est loin de comprendre. Ne cherchons point l'uniformité ; il n'est
pas démontré qu'elle soit le plus sûr moyen d'assurer la cohésion des parties. L'uniformité est souvent contraire à l'unité, qui n'est garantie que par
un concours de volontés poursuivant, à côté d'un
but commun, — celui de la sauvegarde de la patrie
commune, — des fins particulières, telles que le
maintien d'une vieille civilisation nationale.

CHAPITRE XII

Je n'ai parlé jusqu'ici que de nombreuses questions d'ordre politique et social qui réclament, en
Russie, une solution immédiate. Je n'ai point entretenu le lecteur du personnel gouvernemental. Le
fait est que, depuis le meurtre de M. Plehve, il ne
s'est point trouvé à la tête du gouvernement de
ministre ayant un programme strictement défini et
l'énergie nécessaire pour en poursuivre la réalisation envers et contre tous. Le prince Sviatopolk-
Mirski, avec les meilleures intentions, n'a su ni
prendre la conduite du mouvement constitutionnel,
ni l'enrayer. Il a fait des avances aux conseils généraux dont il était lui-même sorti, leur a suggéré
l'idée d'envoyer des délégués à Pétersbourg, à
une espèce de congrès ; mais, une fois mis au
courant de leurs vraies intentions qui n'étaient
autres que celles d'élaborer une charte constitution-

nelle, il a fini par décliner le rôle d'intermédiaire qu'on lui offrait entre les représentants des provinces et le tzar. Bientôt, le mouvement ouvrier aboutissant à une démonstration publique sur les principales avenues de Pétersbourg vint le surprendre et paralyser son activité à un tel point que des intellectuels venus pour lui demander d'intervenir dans le conflit qui devait se produire, il ne sut leur donner d'autre réponse que celle-ci : « Les mesures préventives sont prises et nous n'avons pas le temps de rien y changer. » Renvoyé sur sa propre demande, Mirsky fut remplacé par l'ancien préfet de Moscou, M. Bouliguine. Ce dernier limita son rôle à élaborer, avec le concours de quelques professeurs et bureaucrates, le projet de loi du 6 (19) août qui nous dota d'une pseudo-constitution. Mais à côté de Bouliguine on plaça le policier Trepoff, il fut élevé presqu'au rang de dictateur, non seulement à Pétersbourg, mais aussi dans d'autres parties de l'empire. C'est ainsi qu'à Moscou des congrès de conseillers généraux, et même de simples conférences publiques, ne purent avoir lieu que de son consentement. Le bureau chargé de préparer une nouvelle réunion des délégués, envoyés par les provinces et les villes, fut d'abord mis dans l'impossibilité de continuer ses travaux, et ensuite forcé de siéger en présence d'un commissaire, et cela jusqu'au jour où le tout-puissant policier, daigna accorder l'autorisation qu'on lui réclamait. Des professeurs — et j'en suis — ne

purent parler de Montesquieu dans des cours publics,
ce sujet étant placé au nombre de ceux qu'un auditoire russe, non composé d'étudiants en droit, n'était
pas autorisée à étudier. Ce fait me fut annoncé par
un télégramme me défendant de traiter de l'« Esprit
des lois » dans une conférence que je devais faire
au profit de paysans affamés. On m'autorisait, en
même temps, à parler du manifeste du 17 (30) octobre, ce qui de fait équivalait à soulever toutes les
questions de droit constitutionnel dans leurs rapports avec la crise actuelle. Trepoff ne vécut que
d'expédients : tantôt il interdisait un cours ou em-
pêchait l'école polytechnique de demander des
leçons de droit public à tel ou tel professeur mal
famé ; tantôt il soulevait lui-même la question de
l'autonomie universitaire, pour décharger la police
d'un surcroît de besogne ; tantôt enfin, il mena-
çait de ses mitrailleuses et des balles de ses soldats
les hautes écoles de Pétersbourg, et faisait la tentative d'effaroucher les masses populaires par un
ordre fameux aux troupes de ne point ménager
les cartouches.

Il devint évident que l'homme n'était pas fait
pour mettre un terme à la crise aiguë que la Russie traversait au moment de la grève générale,
commencée par les chemins de fer et qui, peu à
peu, s'était étendue à toutes les branches d'industrie. On fit appel au comte Witte, c'est-à-dire on
plaça à la tête du gouvernement le plus éminent des
hommes d'état russes. On le fit à contre-cœur, car

depuis longtemps le comte Witte ne jouit point des faveurs de la cour, ni de celle de son auguste souverain.

Au moment de la formation en octobre 1905 du Cabinet qui nous régit à l'heure qu'il est, le comte avait toutes les sympathies de ceux qui, à tort ou à raison, lui attribuaient une part active dans l'octroi du manifeste impérial du 17/30 octobre. Le chef du Conseil des ministres déclarait à qui voulait l'entendre que le manifeste avait été rédigé sur son initiative, qu'il avait refusé à son souverain de changer un seul mot au document qui avait été soumis à sa signature impériale, qu'un moment il avait couru le risque d'être arrêté pour son intransigeance et que, somme toute, la Russie lui devait sa liberté politique. L'amnistie accordée quelques jours après aux détenus de la forteresse Pierre-et-Paul et de celle de Schlüsselbourg, une tolérance très marquée vis-à-vis de journaux social-démocrates et même révolutionnaires, le remplacement de M. Trépoff par un autre policier, moins en vue et dont les agissements avaient été plus ou moins oubliés, le renvoi de quelques gouverneurs de provinces, en petit nombre d'ailleurs, à qui la rumeur publique attribuait la provocation de massacres dirigés contre les Juifs et les intellectuels, faisaient connaître au grand public la personnalité de M. Witte sous un jour nouveau et propre à lui attirer les sympathies des partis avancés. Tout le monde s'accordait à reconnaître à l'éminent homme d'État russe les qualités d'un financier habile et d'un diplomate très avisé et surtout très heureux. Personne ne l'avait connu jusque-là comme partisan de libertés nécessaires et d'un self-government étendu à tout l'empire. On se rappelait le mémoire qu'il avait présenté il y a peu d'années à l'empereur pour combattre les aspirations libérales des conseils généraux ; on se demandait comment un bureaucrate très porté à résoudre les plus grands problèmes économiques et sociaux par des décrets rendus à la suite d'un simple entretien entre lui-même et son souverain, arriverait à se plier aux exigences du régime constitutionnel. On lui savait gré, d'autre part, de la perspicacité qu'il avait montrée récemment, lors de la réunion à Péterhoff dans les pemières journées d'août, réunion dont était sortie la loi concernant la création d'une Douma ou chambre élective nationale. N'avait-il pas été, en effet, le seul parmi les conseillers de l'empereur à se prononcer en faveur d'une représentation de la classe ouvrière ? N'avait-il pas, à ce propos, rappelé les paroles mémorables d'Alexandre II : « Si on n'accorde pas la liberté d'en haut, on la verra arrachée d'en bas » ? On voyait dans la reproduction de ces paroles par Witte une prophétie, qui venait de se réaliser, et on savait gré au ministre, encore récemment tenu à l'écart par la cour, de son courage et de sa prévoyance.

Dans cet état d'esprit, les libéraux russes ne demandaient, bien entendu, qu'à soutenir le gouver-

nement, mais à la condition qu'il servirait de bou-
clier contre toutes les tentatives de réaction, contre
toutes les menaces suspendues sur la tête de ceux
qui avaient pris part à la libération du pays,
menaces qui, en plus d'un endroit, furent mises
à exécution, et déterminèrent des actes de barbarie tels que les massacres de la Saint-Barthé-
lemy paraissaient être dépassés. C'est ainsi qu'à
Tomsk, des étudiants, des ingénieurs, des intellectuels de tout ordre et de tout sexe, enfermés dans
un théâtre, avaient été brûlés vifs par la populace,
en présence de policiers et de soldats, grâce au
mutisme voulu des autorités et du préfet qui,
hélas ! avait été jadis mon élève à l'Université de
Moscou. Des actes tout aussi sanglants s'étaient
produits en maints endroits de la Russie, dépassant les massacres de Kichineff et de Gomel et ne
laissant planer aucun doute sur le mauvais vouloir,
l'inertie et souvent le coupable prosélytisme de la
police et des autorités, tant civiles que militaires.
Le sang avait coulé à flots, tant au Caucase qu'en
Pologne, à Odessa et à Kharkoff, à Kieff et à Moscou, à Riga et à Revel, sans parler d'autres provinces plus éloignées du centre. Et en présence de
pareils actes, le gouvernement présidé par M. Witte
faisait preuve d'une inertie coupable. Les préfets n'étaient point remplacés ; ceux que l'opinion publique dénonçait à la vindicte publique
n'étaient point poursuivis, et on tolérait de nouveaux actes de provocation, tels que l'accueil favo-

rable fait à des délégués d'une milice de cent mille hommes qui venait de se former à Moscou et qui prétendait assurer par la force le maintien de l'autocratie.

C'est au milieu de cette incertitude générale, quant à la ligne de conduite que le gouvernement comptait suivre dans l'avenir, que M. Witte fit appel à quelques personnes connues dans le monde des Conseils généraux et des Conseils municipaux. Une réunion des délégués des Zemstvos venait d'achever ses travaux à la fin de septembre, en émettant un vœu en faveur d'une autonomie fort mitigée des provinces ayant constitué encore récemment le royaume de Pologne. M. Witte et d'autres membres de son « gouvernement », notamment le célèbre policier Trépoff, n'avaient pas caché leur indignation contre les prétendus « demembreurs » de l'empire, dénoncés hautement par la presse réactionnaire comme traîtres à leur pays. La majorité en faveur de la reconnaissance de la langue polonaise dans les écoles et d'un vaste self-government complété par le droit de voter les lois locales pour le royaume de Pologne, avait été écrasante. Seul, M. Alexandre Goutchkoff, un des membres les plus influents du Conseil municipal de Moscou, s'était levé pour protester de son centralisme à outrance et de son mauvais vouloir à reconnaître aux Polonais d'autres libertés que celles dont jouiraient les habitants de n'importe quelle province. Il voulait bien leur accorder le droit de faire

usage de leur propre langue dans les écoles primaires et les assemblées communales, mais il refu-
sait son concours à l'établissement d'une diète
polonaise, même dépendante et assujettie à l'Assemblée nationale russe.

C'est M. A. Goutchkoff, membre d'une infime minorité dont il était même difficile de préciser le
nombre, que M. Witte fit appeler dans le but de lui
confier un portefeuille, celui du commerce et de
l'industrie. Il lui adjoignit un autre personnage
très en vue parmi ceux qui, du temps de Plehve,
avaient été poursuivis pour leur attitude libérale
au sein des Conseils généraux. J'entends parler de
M. Chipoff, renvoyé naguère, et qui n'était de
rentré dans le Conseil général de la province
Moscou que pour rompre avec ses anciens alliés
en se déclarant favorable à l'autocratie et au caractère purement consultatif de la représentation nationale. Les deux personnages en question avaient
été suivis dans leur visite au comte Witte par un
membre du zemstvo d'Orel, M. Michel Stakhovitch, avantageusement connu par ses déclarations
antérieures en faveur de la liberté de conscience, et
qui, récemment, s'était joint à M. Chipoff et à
M. Goutchkoff pour contrecarrer les vœux exprimés
par le congrès des zemstvos en faveur d'une future
autonomie de la Pologne. Chacun d'eux fut appelé
à titre individuel à entrer dans le ministère présidé
par M. Witte, à côté d'anciens chefs de sections, de
bureaucrates rompus aux affaires. On demanda

à M. Chipoff d'occuper le poste de contrôleur
général et à M. Stakhovitch, — celui de ministre de
l'Instruction publique. Tous deux se déclarèrent
incomtpétents. Quant à M. Goutchkoff, il fit entendre que son rôle de membre d'une infime minorité
ne l'autorisait point à occuper un poste dans le premier ministère constitutionnel qui devait être formé
en Russie. En refusant des portefeuilles, les trois
personnages qui je viens d'indiquer protestèrent de
leur désir de soutenir le comte Witte dans la lourde
tâche dont il venait de se charger et de l'aider
notamment dans l'élaboration d'une nouvelle loi
électorale. Continuant à chercher des ministres,
M. Witte fit venir de Kieff le frère de l'ancien recteur de Moscou, le prince Troubetzkoï, récemment
décédé, et à qui le peuple des deux capitales avait
fait spontanément des funérailles nationales. Le
prince Eugène Troubetzkoï, que j'ai connu d'abord
comme un de mes élèves à l'Université de Moscou
et ensuite comme un éminent professeur et un
écrivain de talent, ne crut pouvoir accepter le
poste qu'on lui offrait qu'à une condition : c'est de
voir son programme adopté par le chef du Cabinet.
« Il ne s'agit pas d'élaborer des programmes, lui
déclara M. Witte ; on verra ce qu'il y aura à faire
plus tard. Pour le moment, il faut devenir ministre ». Dans ces conditions, le prince, en tant que
membre du parti constitutionnel-démocratique, ne
se crut pas en droit d'apporter son concours individuel à M. Witte, lequel se vengea d'une façon spiri-

tuelle eu déclarant que le brillant publiciste n'avait
pas l'étoffe d'un homme d'Etat, mais d'une espèce
de « nouveau Hamlet ». Le prince Troubetzkoï ne fut
pas le seul parmi les membres du parti constitutionnel-démocratique à être appelé par M. Witte, non,
il est vrai, pour entrer dans le ministère, mais à
titre consultatif sur les affaires courantes. Le président du zemstvo de Moscou et du bureau du dernier
congrès, M. Golovine, et un jeune professeur agrégé,
M. Kokoshkine, très actif au sein du même bureau,
vinrent à plusieurs reprises insister auprès de
M. Witte sur les avantages et l'urgence du suffrage
universel direct et secret, et il en fut de même du
professeur Milioukoff et de M. Struve, récemment
encore directeur d'un journal constitutionnel russe
à Paris. C'est à cela que se réduisirent les relations
du tout-puissant ministre avec le parti libéral. Les
plumitifs des deux mondes trouvèrent, néanmoins,
leur compte à faire courir le bruit que M. Witte
venait d'être abandonné par ceux-là mêmes dont il
avait recherché le concours et que cette désertion
était la cause d'une certaine faiblesse du nouveau
gouvernement vis-à-vis de ses nombreux adversaires, tant à droite qu'à gauche. Je dois confesser que
je fus du nombre de ceux qui se laissèrent prendre
par ces déclaration mensongères. J'arrivai au dernier congrès des zemstvos de Moscou avec la ferme
décision de remédier à un pareil état de choses et à
employer le peu d'influence que je possède pour
établir une bonne entente entre le comte Witte et le

parti dont il cherchait, disait-on, le concours. De toutes parts s'élevaient des voix dans le même sens ; mais une heure de conversation au sein du bureau suffit pour établir que l'alliance avec les libéraux n'entrait point dans les vues du tout-puissant ministre, et que, loin de les consulter, il ne demandait qu'à en faire les serviteurs muets de sa propre politique. Une fois mis en présence d'un pareil fait, les membres du congrès crurent avec raison que leur premier devoir était de définir les conditions auxquelles ils pouvaient se rallier au gouvernement. Pendant trois séances, ces conditions furent discutées et on finit par arrêter les résolutions suivantes :

Le Congrès des délégués des Conseils généraux et des Conseils municipaux, après avoir envisagé la situation politique créée par le manifeste du 30 octobre et les événements qui le suivirent de près, arrête ce qui suit :

Tout en reconnaissant que ce manifeste est une précieuse conquête du peuple russe, le Congrès croit que l'accomplissement immédiat des promesses contenues dans ce document est une condition nécessaire pour la pacification du pays. Le concours de la société à cette fin aurait été plus efficace si le gouvernement lui-même avait montré plus d'énergie et plus de suite dans la réalisation des promesses que contient l'acte du 30 octobre. A l'heure actuelle et dans les conditions que le gouvernement lui-même a bien voulu créer, cette tâche incombe exclusivement aux ministres. Quant au Congrès, il trouve bon

de déclarer que le ministère ne peut compter sur
l'appui des Conseils généraux et municipaux qu'autant que ses actes auront pour but la réalisation complète et intégrale des principes constitutionnels énon-
cés par le manifeste. Au contraire, toute infraction à
ces principes rencontrera de leur part la plus ferme
opposition. En partant de ces considérations, le Congrès exprime un vœu en faveur de la réunion, dans
le plus bref délai, des représentants du peuple, élus
par le suffrage universel direct, égal et secret. Il
désire que la première Assemblée des représentants du peuple possède des pouvoirs constituants,
afin de pouvoir élaborer, d'accord avec l'empereur,
le texte de la constitution, et de réformer en même
temps, sur des bases démocratiques, la représentation des provinces et des villes. La première
Assemblée des représentants doit avoir également le
droit de voter le budget pour l'année 1907, et d'élaborer les bases d'une réforme agraire et d'une nouvelle législation ouvrière.

Afin de tranquilliser le pays, il est urgent de
prendre, avant toute réunion de ses représentants,
les mesures que voici : Les libertés promises par le
manifeste du 30 octobre doivent être reconnues par
des actes législatifs. Toutes les mesures exceptionnelles et toutes les lois en contradiction avec ces
libertés doivent être abolies. L'état de siège doit être
levé en Pologne.

Une enquête doit être ouverte, avec le concours de
membres élus, quant aux pillages et aux meurtres

qui se sont produits dans les premières journées du mois de novembre, et qui ont porté l'épouvante dans toutes les classes de la société russe. Le Congrès exige également que les administrateurs et les policiers dans les localités où ces méfaits se sont produits soient immédiatement relevés de leurs fonctions et mis en accusation.

Le Congrès demande que les principes du manifeste règlent dorénavant la conduite des administrateurs à tous les degrés de la hiérarchie, et que ceux qui, dans leurs actes, enfreignent la loi, soient appelés à répondre de leurs méfaits devant la justice tant criminelle que civile. Sur ma demande, on émit également le vœu que tous les ministres soient dorénavant soumis au conseil présidé par M. Witte. Cette demande me paraissait d'autant plus nécessaire qu'on avait répandu le bruit que l'état de siège venait d'être proclamé en Pologne à l'insu du président du Conseil. Rien ne pouvait déterminer un pareil procédé, sinon le fait de la soumission directe des ministres de la Guerre et de la Marine, ainsi que du chef de l'état-major et des ministres de la Cour et des apanages, à l'empereur seul, contrairement au désir de M. Witte et en conformité avec un projet de loi élaboré, avant le manifeste du 30 octobre, par M. Stishinsky, un des adversaires du président actuel. Ce projet fut néanmoins promulgué, avec le caractère de loi provisoire, deux jours après le manifeste, et continue à régler les rapports des ministres avec la Cour et le chef du Gouvernement.

Il s'en suit que nous possédons, à l'heure qu'il est, deux administrations plus ou moins indépendantes l'une de l'autre : l'une — placée entre les mains de l'empereur et l'autre — dirigée par M. Witte. Ceci explique la raison pour laquelle la déportation administrative du comte Tychkevitch et de quelques autres patriotes polonais ne fut révélée au président du Conseil que par un télégramme que nous lui envoyâmes au nom du bureau, en lui demandant de vouloir bien les libérer des suites d'une pareille mesure prise par le gouverneur militaire de la Pologne et entièrement contraire aux promesses contenues dans le manifeste du 30 octobre. Cette demande reçut satisfaction : au lieu d'aller à Archangel, le comte Tychkevitch et ses amis prirent la route de Pétersbourg et furent autorisés par le comte Witte à entreprendre un voyage en pays étranger.

Au nombre des résolutions du Congrès, on trouva bon d'insérer la demande d'une amnistie générale et de l'abolition de la peine de mort.

L'ampleur du programme élaboré par le Congrès et devant servir de ligne de conduite au gouvernement n'autorise point à reconnaître comme nulle et non avenue la part qu'il vient de prendre dans la direction des affaires du pays. Les attaques de la presse servile me paraissent non justifiées devant l'attitude très ferme et fort nette que les membres du congrès trouvèrent bon de prendre vis-à-vis du comte Witte et de son « ministère d'affaires », pour ne point employer une autre formule qui rendrait mieux le vrai caractère d'un gouvernement dans lequel d'anciens chefs de bureau du ministère des Finances ont été élevés au rang de ministres. Si le gouvernement tient à avoir le concours des élus des provinces et des villes, il devra marcher dans la voie tracée par le manifeste du 30 octobre. Sinon, tout appui lui sera refusé et il n'aura d'autre chance de salut que de recourir à une dictature militaire qui, bien entendu, finira par soulever un mécontentement général et par donner de nouvelles armes à la révolution. Placé dans cette alternative, le gouvernement fit la sourde oreille aux réclamations qui lui furent adressées par le Congrès et que des personnes attachées à son bureau se chargèrent de remettre au président du Conseil. C'est à peine si ce dernier trouva bon d'appeler quelques membres du Congrès à prendre part aux délibérations sur la nouvelle loi électorale. Encore ne furent-ils autorisé qu'à émettre des avis à titre purement consultatif. Dans ces derniers temps, une nouvelle loi sur la presse, depuis longtemps attendue, produisit une réelle alarme parmi ceux qui espéraient voir le gouvernement poursuivre sans défaillance les principes proclamés le 30 octobre.

Il est vrai que toute censure préventive cesse désormais d'exister, mais des peines sévères attendent les directeurs des journaux pour des actes comme celui de pousser les ouvriers à une grève, tant générale que partielle, ou de reproduire de faux bruits sur les agissements des autorités tant civiles que mi-

litaires. Le gouvernement a essayé de mettre à
exécution cette nouvelle loi, en saisissant des journaux et en leur défendant de paraître à l'avenir,
pour le seul motif d'avoir publié un appel au peuple
attirant son attention sur les suites fâcheuses que la
politique financière du Cabinet doit avoir pour la
situation économique du pays. Il est vrai que le
manifeste révolutionnaire, que plusieurs journaux
n'appartenant point aux partis extrêmes ont cru pouvoir reproduire, contient une invite à retirer l'argent
des caisses d'épargne et à exiger de l'or en payement de la banque d'Etat. Il est vrai également
qu'il y est question de banqueroute prochaine et
qu'un gouvernement soucieux de maintenir le crédit
public ne pouvait laisser sans protestation des
déclarations d'une telle portée. Mais est-ce bien le
moyen de rétablir la confiance que de se saisir des
directeurs de quelques feuilles fort populaires, de
faire irruption dans les bureaux des rédactions et de
les occuper par la force militaire, ou encore de
mettre la main sur les membres du Conseil des délégués ouvriers, sauf à les libérer vingt-quatre heures
plus tard ? Il est probable qu'en apprenant ces faits,
les membres du dernier congrès des zemstvos n'ont
eu qu'à se féliciter de la méfiance qu'ils ont témoi-
gnée vis-à-vis d'un gouvernement si prompt à
oublier ses propres promesses et si enclin à passer
d'une politique de légalité à celle de coups d'état
suivis de reculades et propres tout au plus à semer
la discorde et à soutenir les vues de ceux qui pré-

chent la nécessité de trancher le conflit par un soulèvement armé.

Il est douloureux de reconnaître que l'éminent ministre qui, il y a à peine deux mois, était acclamé comme un homme providentiel, tombe au niveau d'un administrateur peu conscient de ses propres actes et capable de recourir à des moyens violents et illégaux, sauf à abandonner cette ligne de conduite aussitôt après. Les dictatures ne réussissent à sauvegarder l'ordre que dans les cas où les actes des gouvernants qui y ont recours s'enchaînent et sont soutenus par l'approbation publique. Or, dans ceux du comte Witte je ne vois, d'une part, aucune suite, et de l'autre, aucune conformité aux désirs de ceux qui ont acclamé le manifeste du 30 octobre comme le premier pas vers l'établissement d'un régime de liberté et de légalité.

CHAPITRE XIII

Le jour où je me trouvai pour la première fois
au milieu des membres du Congrès des zemstvos
russes, j'eus plutôt l'impression d'une société académique discutant le grand problème des rapports
à établir entre l'individu et l'Etat, que d'une assemblée représentative pressée de définir la conduite à
suivre sur l'heure. On élaborait pour la centième
fois une déclaration des droits de l'homme, avec
cela de particulier qu'au nombre des principes
sacrés de tout ordre social, on omettait sciemment
d'introduire l'inviolabilité de la propriété. Je ne
m'en étais pas aperçu au moment même du vote,
mais le lendemain, alors qu'on discutait le projet
de soumettre les contrats de fermage au contrôle
de l'Etat, je fus entièrement édifié la dessus par un
de mes collègues, qui, à mon grand étonnement,
affirma qu'une pareille mesure s'accordait on ne

peut mieux avec la déclaration qu'on avait votée la
veille, car cette dernière ignorait le principe qui
veut que toute propriété soit inviolable. A côté de ce
trait particulier il était difficile de relever dans les
discours des orateurs beaucoup d'originalité. Les
uns répétaient la thèse socialiste d'un État se mêlant
de tout dans l'intérêt du bien-être général ; les autres
faisaient preuve d'un grand attachement aux idées
individualistes et quelque peu anarchistes de Nietz-
sche. Il s'agissait de trouver le point d'intersection
entre les droits de l'État et ceux de l'individu et bien
entendu, on le trouvait aussi peu à Moscou qu'à
Paris, tant à l'Académie des sciences morales et
politiques que dans les meetings populaires.

Quel ne fut pas mon étonnement lorsque, deux
jours plus tard, je vis les mêmes hommes dévelop-
pant, cette fois d'une façon très serrée, leurs idées
quant à leur façon d'entendre la liberté locale et le
droit des nationalités. On était venu des confins de
la Sibérie, de la Crimée et du Caucase, de la Pologne et de la Lithuanie, et on avait apporté la même
solution au problème si difficile du maintien de
l'unité politique de pair avec l'autonomie régionale. On en avait assez des ordres venant de Pétersbourg et on ne voulait point voir la vie locale réglée
comme par le passé par les membres de tel ou tel
bureau administratif établi dans la capitale et ne
possédant souvent pas les notions les plus élémen-
taires sur les conditions tant physiques que morales
du pays. On témoignait une égale méfiance vis-à-vis

de la future représentation nationale, dont la majorité, après tout, n'était pas censée être au courant des besoins réels et des vœux des provinces limitrophes, en tant que diversifiées de l'ensemble du pays par leurs mœurs, leurs coutumes et leurs traditions historiques. La Sibérie demandait à être gouvernée d'après des lois sibériennes, la Pologne et le Caucase réclamaient des diètes locales dotées d'attributions législatives et pouvant, par conséquent, résoudre à elles seules des questions d'intérêt local. Quant à la Finlande, elle témoignait de son désir de rester à l'écart et de garder son indépendance pleine et entière des autres parties de l'empire en n'envoyant point de délégués au Congrès.

A côté de cette question de la représentation régionale, il s'en posait une autre : celle d'une égale liberté reconnue à toutes les langues et à tous les dialectes du pays. Chaque nationalité demandait à avoir des écoles où l'enseignement se ferait dans sa propre langue, laquelle devrait également devenir la langue administrative et judiciaire dans les limites de la région habitée par cette nationalité. Des lois absurdes avait encore naguère défendu aux Polonais de faire usage de leur propre langue dans l'enseignement tant primaire que secondaire ou supérieur, et il en est encore de même des Petits Russiens, des Lettes et de ces multiples tribus qui habitent le Caucase et la Sibérie. Qu'il me soit permis de reproduire à cette occasion quelques lignes d'un livre que j'écrivis en 1901, pour faire

connaître aux Américains les institutions politiques
de la Russie.

« D'après la loi de 1869, toutes les sciences devaient être
enseignées en russe à l'Université de Varsovie et dans les collèges ou écoles secondaires. Il est fait exception pour le catéchisme
seul. La même règle a été également étendue aux écoles primaires, aux cercles, aux réunions de sociétés savantes, littéraires ou autres, aux théâtres, aux boutiques, en ce qui concerne
les annonces commerciales, et à toute la correspondance offi-
cielle. Le plus grand nombre de ces mesures ont été adoptées
par des gouverneurs généraux en 1866 et 1868. Il se produisit alors des cas ridicules : des personnes furent condamnées à
l'amende pour avoir dit à quelque trésorier du district en polonais les paroles que voici : « Je vais vous donner deux roubles
de petite monnaie ». Des règlements tout aussi sévères furent
renouvelés au cours des années 1881 et 1893. Pour citer un
exemple entre cent, il suffira de dire que la célèbre primodonna,
Mme Zembrich, fut condamnée à payer une amende de 100 roubles tout simplement parce qu'elle avait chanté une chanson
polonaise à un concert, sans autorisation préalable (1). Des
défenses tout aussi absurdes empêchaient encore naguère des
professeurs petit russiens venus de Galicie d'exposer dans leur
propre langue aux congrès archéologiques de Kharkoff et d'Ekaterinoslav les découvertes qu'ils avaient faites quant à l'âge de
la pierre brute ou polie. »

Les membres du congrès des zemstvos, réunis en
septembre à Moscou, furent unanimes à désapprouver de pareils procédés. Et on vota, après un court
échange de vues, ou plutôt après des rapports suc-
cincts sur les méfaits de l'administration centrale

---

(1) *Institutions politiques de la Russie*, traduction française
faite par Mme DEROCQUIGNY, Giard, Paris, 345 346.

14.

tant en Pologne qu'en Petite-Russie, tant au Caucase qu'en Sibérie, les résolutions suivantes :

« La loi organique russe devra reconnaître à toutes les nationalités de l'empire le droit de faire usage de leur propre langue et de leur propre dialecte, ainsi que le droit de créer des écoles et des institutions littéraires et scientifiques ayant pour but avéré le maintien et le développement de leur propre langue ou dialecte. La langue russe ne reste obligatoire que dans les limites de l'administration centrale, ainsi que dans l'armée et la flotte. Quant à l'emploi, de pair avec le russe, d'autres idiomes dans les institutions et les écoles subventionnées par l'Etat ou les représentations locales, cette question doit être réglée par la législation tant générale que régionale, ainsi que par les décisions prises conformément à ces lois par les organes administratifs. Pour l'accomplissement de ce vœu on ne perdra jamais de vue qu'il est désirable que dans chaque localité les habitants puissent recevoir une instruction primaire ainsi que secondaire dans leur propre langue ».

Très unis lorsqu'il s'est agi de reconnaître le droit de l'individu d'employer sa langue natale, les membres du Congrès le furent moins dans la question de savoir si, à côté de la représentation nationale et des Conseils généraux, on admettrait l'existence, dans certaines régions, de diètes provinciales dotées du droit de légiférer sur les questions.locales. A côté d'hommes imbus des mêmes idées que celles qui ont régulièrement prévalu en France depuis la défaite des Girondins, on en trouvait d'autres, très opposés à la reconnaissance des droits acquis aux Polonais grâce à des concessions à moitié volontaires faites au nom de la Russie par l'empereur Alexandre I⁰ʳ, au Congrès de Vienne, alors que l'ancien duché de Varsovie, au lieu de revenir, comme par le passé, à la Saxe, était érigé en royaume à tout jamais uni à l'Empire russe.

On prétendait à tort à mon avis, que deux soulèvements malheureux : celui de 1830 et celui de 1863, avaient fait table rase de toutes les promesses faites aux Polonais, et qu'un peuple perdait ses libertés politiques comme on perd un don reçu : pour cause d'ingratitude. Ceux qui partageaient une pareille façon de voir étaient, en même temps, partisans de larges libertés régionales ; par esprit de système et pour faire preuve de leurs sentiments égalitaires, ils réclamaient les mêmes libertés tant pour les provinces ayant formé le noyau de l'Empire russe que pour celles qui lui furent annexées par droit de conquête. Orel et Koursk devaient posséder une représentation régionale avec droit de législation locale, ni plus ni moins que Varsovie ou Tiflis. Dans le projet d'une constitution que le Congrès des zemstvos a élaboré pour l'ensemble de l'Empire — projet qui n'a pas encore été voté — on propose d'accorder aux Conseils généraux des départements limitrophes le droit d'exprimer des vœux en faveur d'une union de plusieurs départements en une seule région, laquelle serait soumise à des lois faites par des représentants régionaux. Il m'a paru utile de faire descendre ces débats des hauteurs auxquelles ils s'étaient élevés, en demandant qu'on s'occupât avant tout de la reconaissance des droits historiques

des Polonais. Ma demande ne fut point accueillie,
et le Congrès préféra voter la résolution suivante :

« Considérant que la création de représentations régionales
possédant des droits législatifs en certaines matières, paraît
être désirable pour telles ou telles parties de l'Empire, le Congrès a décidé que le jour où la liberté des citoyens et une représentation équitable seront établies dans tout l'Empire, on cher-
chera à trouver des voies légales pour l'établissement d'une
autonomie régionale, au fur et à mesure que le besoin s'en
fera sentir au sein des populations, et que les limites naturelles
des régions autonomes pourront être établies ».

Ce charabia, qui ne perd ni ne gagne à être traduit
en français, fut compris, bien entendu, de la façon
la plus diverse. Le mot d' « autonomie » a été
employé plus d'une fois pour désigner les libertés
dont jouissaient, par exemple, les républiques urbaines de l'Italie au xiii⁰ et xiv⁰ siècle, et il est difficile,
pour n'importe qui non au courant de la terminolo-
gie juridique allemande, d'admettre qu'il existe une
différence très marquée entre l'autonomie d'un pays
et son indépendance politique. Ceux qui avaient voté
cette vague formule étaient pourtant partisans de
l'unité de l'Empire, et ils n'entendaient par « autonomie » qu'un self-government régional avec droit
de faire des lois locales non contraires à l'ensemble
de la législation du pays, lois que les Anglais appellent fort bien « by-laws », c'est-à-dire lois supplémentaires à d'autres, d'un caractère général. Il est
facile de comprendre que tous ceux qui ne demandaient qu'à faire passer les congressistes pour des

« démembreurs » de l'Empire eurent gain de cause
en donnant au terme « autonomie » le sens vulgaire.
La *Gazette de Moscou* fit paraître dans ce but une
carte fantaisiste de l'Empire découpé en régions
indépendantes et ayant pour centre une toute petite
Moscovie, une Moscovie réduite aux proportions que
le duché du même nom possédait avant les conquêtes des premiers tzars. Ce procédé qu'un anglais de
passage jugea excellent au point de vue électoral,
mais soumis à caution au point de vue moral, produisit l'effet voulu. Rentré à Pétersbourg, je n'en-
tendis de toutes parts que de véhémentes attaques
dirigées contre mes collègues au Congrès, lesquels,
disait-on, avaient fait preuve d'un manque de tact et
d'une méconnaissance vraiment extraordinaire de
leurs devoirs vis-à-vis de l'ensemble du pays. Pendant un mois, on continua à les traiter de « démembreurs ».

Un parti politique vint à se former dans le seul
but de protester contre ce prétendu partage de
l'Empire ; il s'intitula « parti du régime légal » et
compta dans son milieu, à côté de riches industriels
et marchands, un certain nombre de professeurs et
d'académiciens. M. Alexandre Goutchkoff qui,
seul, s'était élevé au sein du Congrès pour protester contre toute concession aux fédéralistes, devint
l'objet d'un culte de la part de certains de ses collègues au Conseil municipal de Moscou. Un d'eux
se prosterna en sa présence et essaya de lui baiser
la main, « cette main qui, seule, s'était levée pour

maintenir l'unité de l'Empire ». Et dire que toute
cette mise en scène patriotique aurait pu être évi-
tée, si le rédacteur du charabia que je viens de
reproduire n'avait pas été un disciple fervent d'un
professeur de Heidelberg, appelé Jellineck, lequel
établit dans son cours que l'autonomie n'a rien de
commun avec le fédéralisme, tout en dépassant les
limites du self-government local. On aurait pu
croire qu'édifié par la mauvaise impression qu'avait
produite dans le public l'emploi d'un terme étranger et dont on était loin de comprendre le sens
précis, les délégués des zemstvos et des conseils
municipaux tâcheraient de l'éviter à l'avenir dans
leurs résolutions. Il n'en fut rien pourtant, et,
malgré mes protestations, dans le seul but de rester fidèles à eux-mêmes, ils trouvèrent bon de le
reproduire dans une nouvelle réunion qui eut lieu
en novembre et qui se proposait de définir les conditions auxquelles le gouvernement, présidé par le
comte Witte, pouvait compter sur l'appui du Congrès. J'avais beau déclarer qu'après tout un légiste
n'avait pas plus le droit de demander aux non-ini-
tiés une compréhension exacte du terme « autonomie », qu'un médecin, de celui d' « hypertrophie ».
On me répondit qu'une représentation régionale
ayant le droit de voter des lois locales ne corres-
pondait point à l'idée juridique du self-government
et qu'il y avait une *contradictio in adjecto* dans
l'usage que je voulais bien faire de ce terme, n'en
trouvant point d'autre à ma portée. Il est probable

que le grand public russe n'est pas plus édifié pour
cela, quant au vrai sens des promesses que le Congrès a tenu à faire aux Polonais. Ces derniers ont
bien voulu protester de leur désir de sauvegarder
l'unité de l'Empire, mais bien malin serait celui
qui pourrait dire à quel point le terme d' « autonomie » ne correspond pas, dans leur for intérieur,
au désir de voir le royaume de Pologne placé dans
la même situation vis-à-vis de l'Empire que celle
qu'occupe en ce moment la Finlande. Or, le terme
d'autonomie avait été choisi par le rédacteur des
résolutions du Congrès à cette seule fin de ne laisser planer aucun doute quant au désir du Congrès
de ne point accorder à la Pologne les mêmes liber-
tésque celles dont les Finlandais avaient fini par
s'emparer, et un autre membre du même bureau, le
professeur Milioukoff, nous déclarait avec emphase
que, tout centraliste qu'il est, il ne voyait aucun
inconvénient à voter la formule concernant l'autonomie régionale. Je me demande après tout si
l'emploi d'un terme que chacun entend de sa façon
ne pourra pas devenir dans nos prochains démêlés
politiques une pierre d'achoppement à toute entente
sincère avec les Polonais, les Petits-Russiens, les
Géorgiens et les Arméniens, ou encore les diverses
peuplades, tant slaves qu'indigènes, de la Sibérie.
Chacun voudra l'interpréter à sa façon : les uns
dans le sens d'union exclusivement dynastique avec
l'ensemble de l'Empire ; les autres, dans celui d'un
self-government local quelque peu élargi. De cette

mauvaise entente dans l'interprétation d'un terme pourra naître une guerre intestine, laquelle, hélas ! ne restera point dans le seul domaine des idées.

Pour le moment, nous avons pour acquis le bon vouloir des Polonais de marcher de pair avec les libéraux russes dans la revendication des libertés politiques nécessaires à tous les citoyens. Ils ont consenti également, par la bouche de leurs délégués, à ne point soulever la question d'une Constituante polonaise convoquée en même temps que celle des autres provinces de l'Empire. L'autonomie de la Pologne sera un don que les Polonais espèrent recevoir de la future représentation nationale russe. Une pareille solution a rendu les discussions moins vives et moins acerbes. Les uns l'acceptaient dans le ferme espoir qu'une fois réunis les élus du suffrage universel se garderont bien de commettre la faute d'ériger la Pologne en pays virtuellement indépendant du reste de l'Empire ; les autres — parce que, à leur insu, ils sont au fond fédéralistes et ne demandent pas mieux que de voir l'Empire se transformer en une ligue d'Etats soumis à un même gouvernement central, à l'exemple de ce qui a lieu tant en Allemagne qu'en Autriche. Ceux qui ont le plus profité jusqu'ici de tous ces débats, plus ou moins académiques, sont certainement les Polonais. Une grande vérité leur a été révélée pour la première fois : c'est celle de la russification polonaise faite non de l'avis, mais contrairement au désir de la nation russe ; et ce seul fait est d'une telle importance qu'il relègue au second plan tous les autres votes du Congrès.

Désormais Polonais et Russes pourront marcher de pair dans la revendication des libertés politiques et d'une constitution démocratique, car les premiers auront le droit de compter qu'aussitôt après la réunion d'une assemblée législative russe, on s'occupera d'accorder une certaine indépendance locale au royaume de Pologne, à condition, bien entendu, du maintien de l'unité politique de l'Empire. Ce sont là les promesses faites par le Congrès réuni à la fin de septembre 1905 ; elles sont inscrites dans le texte de ses résolutions. C'est un engagement pris vis-à-vis d'alliés dont le concours est précieux à tous les libéraux russes, car ce n'est que sur la mauvaise entente des nationalités que l'autocratie a pu être maintenue dans tous les pays de l'Europe Orientale, depuis l'Autriche jusqu'à la Turquie. Les paroles de l'empereur Franz Ier, que l'ordre de son Empire est sauvegardé par la haine mutuelle des peuples qui y sont soumis, contiennent certainement un grand fond de vérité. Aussi tous ceux qui désirent à remplacer le pouvoir absolu par le régime de liberté et de légalité doivent-ils nécessairement commencer par établir une entente cordiale entre les diverses nationalités appelées à une existence politique commune. Or, cette entente ne peut avoir lieu qu'à condition de reconnaître, à côté de la liberté individuelle, une égale liberté à tous les groupes ethniques formant parti d'un seul tout.

Kovalevsky   15

CHAPITRE XIV

Dans un pays où tout le pouvoir est entre les mains de la bureaucratie, des partis politiques peuvent-ils vraiment exister ? Quand je dis : partis politiques, j'entends des groupements de citoyens qui non seulement ont en commun leur programme théorique, mais qui sont prêts encore à se prononcer et à « faire une majorité » sur les questions du jour. Il y a des Russes qui se déclarent socialistes-révolutionnaires, ou socialistes-démocrates ; d'autres, constitutionnalistes-démocrates, ou partisans du régime légal. Mais ces groupes, s'ils ont des convictions communes, sont tous divisés intérieurement sur ce qu'ils ont le tort d'appeler questions de tactique ; ces questions sont justement celles qu'un homme d'État doit avant tout régler.

On peut, en théorie, considérer la république, surtout fédérative, comme une forme de gouverne-

ment supérieure à la monarchie constitutionnelle ;
il ne s'en suit pas, dans la pratique, qu'on soutien-
dra le seul gouvernement décidé à remplacer l'autocratie par la république parlementaire. On peut être
d'avis que le suffrage universel direct répond le
mieux à un idéal d'égalité ; il ne s'en suit pas qu'on
doive nécessairement réclamer le droit de vote pour
des tribus sauvages ou barbares, qui n'ont point de
domicile défini et presque aucune culture. On
peut désirer la réduction de la journée ouvrière
ou la dotation des paysans en terres, sans déclarer en même temps que, dans un pays où le tiers
de l'année se passe en fêtes, on n'acceptera d'autre
journée ouvrière que celle de huit heures, ou que
le paysan, déjà usufruitier des trois cinquièmes du
sol, doit recevoir à titre gratuit tout le reste, et que
voilà le seul moyen de relever sa condition, comme
d'assurer l'épanouissement économique de l'empire.

Je suis personnellement très enclin à faire les
plus larges concessions aux demandes ouvrières et
aux réclamations des paysans : les unes et les
autres me paraissent justes et fondées. Mais je ne
pousse point l'intransigeance jusqu'à demander
qu'on décrète une journée ou des salaires qui ren-
draient impossible à l'industriel l'exercice de son
industrie et amèneraient la fermeture des fabriques
et des usines. Il m'est tout aussi impossible
d'admettre que la concession légale de la terre aux
seuls paysans, sans la moindre rémunération aux
propriétaires, aurait pour effet nécessaire, en entraî-

nant l'émigration des capitaux, de relever l'agriculture en Russie et ·d'assurer les progrès économiques du pays. Je continue à croire que la grosse question est d'attirer les capitaux vers le sol : une expropriation partielle des propriétaires fonciers au profit des paysans ne peut se faire que moyennant un rachat dont l'Etat se porterait garant. Il me paraît tout aussi évident que dans un pays où la masse du peuple est illetrée et, par conséquent, superstitieuse et mystique, où le tzar, depuis une série de siècles, se présente aux fidèles comme un chef non seulement civil, mais religieux, où tout mouvement libéral a toujours été travesti sciemment par les autorités en une tentative d'arracher à l'empereur des concessions désavantageuses pour le paysan, il est périlleux de proposer le remplacement du souverain héréditaire par un président élu : le temps n'est point venu de réclamer la république en Russie.

Je ne puis donc signer le manifeste des partis les plus avancés qui demandent la république, la journée de huit heures et la terre aux paysans. Me voici, d'autre part, très embarrassé pour me rattacher aux partisans du « régime légal », qui se prononcent en faveur d'un cens électoral, ne parlent pas de réduire le nombre des heures du travail ni d'accorder de nouvelles terres aux paysans, et, déclarant que toute concession de libertés régionales et de législation locale aux pays annexés, tels que la Pologne, équivaut à un démembrement de l'empire, pensent que tous ceux qui veulent ces libertés — et j'en suis — sont des traîtres à la patrie. Je finirais peut-être par me rallier au parti intermédiaire, celui des constitutionnalistes-démocrates, si ces derniers ne me demandaient point de jurer que le seul moyen d'établir une représentation équitable est de doter hommes et femmes, lettrés et illettrés, nomades et sédentaires, vagabonds et gens domiciliés, d'un même droit de vote, ou que le meilleur moyen d'assurer aux paysans la possession d'une plus grande étendue de terres consiste à soumettre les baux de ferme au contrôle des autorités qui seraient autorisées à diminuer ou à relever les fermages, d'après l'idée qu'elles se feraient du juste prix.

Me voici donc acculé à n'être que tant soit peu socialiste et tant soit peu démocrate-constitutionnaliste, nécessairement monarchiste en Russie, quoique gardant une prédilection marquée pour la république fédérative : donc incapable de satisfaire aucun parti, de me rallier à aucun programme.

Les torts sont-ils tous de mon côté ? J'aimerais mieux croire qu'il n'y a point encore de partis définis en Russie, pour l'excellente raison que la vie politique n'y a pas encore commencé. Mais le jour où, dans une réunion prochaine des représentants du peuple, il s'agira de se prononcer par un vote direct sur le système d'une ou de deux Chambres, sur le mode de les constituer, sur les droits législatifs de cette représentation nationale, sur son contrôle

de l'administration, sur les grands problèmes de
l'économie sociale, alors seulement chacun sera
amené à prendre position dans la lutte des idées
et des intérêts ; alors seulement, d'après les votes
émis, des groupes se formeront, d'abord au sein
du parlement, puis dans l'ensemble du pays.

J'en vois déjà quelques signes précurseurs :
dans les deux derniers Congrès des *zemstvos* (conseils généraux), un partage s'est fait sur la concession du *self-government* aux pays annexés,
Pologne et Caucase ; même partage entre ceux
qui veulent une extension illimitée du droit de vote
et ceux qui prétendent que ce droit, ne peut être
accordé qu'à qui peut en faire un usage conscient,
ce qui suppose une instruction primaire et un
domicile ; car il est difficile d'admettre qu'un
vagabond soit intéressé au bien-être d'un pays où
il ne fait que passer, ou qu'un illettré arrive à se
rendre un compte exact du programme d'un can-
didat. Donc, je pense que des partis politiques vont
bientôt succéder aux groupements philosophiques
des *populistes*, autrement dits socialistes-révolutionnaires, des marxistes, qui acceptent volontiers
le nom allemand de *social-démocrates*, des radicaux,
qui préfèrent se nommer *démocrates-constitution-
nalistes*, des libéraux, qui se disent les seuls *partisans du régime légal* (1), et des conservateurs, qui,
somme toute, restent fidèles à l'autocratie. Nous

_____

(1) Un bon nombre d'entr'eux s'intitulent hommes du 17
octobre, jour du fameux manifeste.

passerons en revue ces divers groupes, et nous
essayerons de relever dans le programme de chacun d'eux les éléments constitutifs des futurs partis.

*
* *

Les *populistes* disent avec raison qu'il est une
question sociale primant toutes les autres en Russie :
la question agraire, et qu'aucun parti politique
n'aura de prise sur les esprits s'il ne possède un
programme défini quant aux moyens d'assurer le
bien-être des classes rurales. Cela paraît évident si
l'on calcule que quatre-vingts pour cent de la population sont des paysans dont la majeure partie,
vivant en communes agricoles, *mirs*, possède la
terre en commun, et qu'en outre, une bonne moitié des terres seigneuriales est affermée par ces
mêmes paysans, de sorte que les trois quarts du
sol se trouvent entre leurs mains. D'après les statistiques de 1877-78, les paysans possédaient à eux
seuls cent trente et un millions de dessiatines ; cent
huit millions étaient entre les mains de propriétaires privés ; mais dans ce nombre, à peu près cinquante millions étaient affermés aux paysans, de
sorte qu'il ne restait dans la régie directe des propriétaires que cinquante-huit millions de dessiatines. De ces chiffres de 1878, il faut encore déduire
plus de cinq millions de dessiatines qui, depuis,
ont passé entre les mains des paysans par l'intermédiaire d'une banque créée pour leur faciliter

cet achat du sol. Quant aux terres domaniales, qui couvrent encore une très grande superficie, ce sont pour la majeure partie des forêts, — à peine quatre millions de dessiatines cultivables sur cent cinquante millions de terres domaniales. — Les paysans détiennent donc, à titre collectif ou individuel, tant en propriété qu'en fermage, cent quatre-vingt-six millions de dessiatines ; la propriété privée des autres classes ne monte pas à cinquante-quatre millions : un quart seulement des terres de labour et des prairies n'est pas exploité directement par les villageois.

La classe paysanne a, par conséquent, pour elle le nombre des individus et l'étendue des biens fonciers. De son bien-être matériel, dépend la prospérité commerciale de l'empire, qui exporte en majeure partie les produits du sol et non des objets manufacturés. Ainsi, à quelque point de vue qu'on se place, la question paysanne prime toutes les autres. Or, le bien-être des villageois dépend de causes multiples : en premier lieu, du mode de posséder les terres (à titre indivis, d'après le système du *mir*, ou en propriété particulière) ; en second lieu, des conditions auxquelles les terres des ci-devant seigneurs sont allouées aux paysans ; en troisième lieu, du système de culture qui, à son tour, dépend des capitaux, dont les cultivateurs peuvent disposer, ou de l'étendue du crédit agricole. A ces divers facteurs, ajoutons le plus ou moins de liberté de déplacement accordées aux individus, la pénétra-

tion des chemins de fer et des voies fluviales, et
toute une série d'autres conditions créées par l'état
économique et politique du pays. Or, les *populistes*
ne veulent envisager que les rapports du paysan
avec la terre.

Proudhon, par sa théorie de l'anarchie et de la
mutualité, avait influencé à tel point les deux principaux chefs du mouvement émancipateur, Herzen
et Bakounine, que tous deux arrivaient à la conclusion que le monde slave, et plus particulièrement
la Russie, ne trouverait de salut que dans la fédération des communes agricoles, passant du régime
de co-propriété à celui de co-production. C'était le
temps où, dans la commune russe et le système
du *mir* les slavophiles voyaient une supériorité de
la Russie sur l'Europe bourgeoise, et une solution
pacifique de la question sociale. La commune agricole, co-propriétaire et co-productrice, fut désormais considérée par les populistes comme le fondement de toute économie sociale. Les uns y voyaient
le point de départ d'une réforme politique : l'empire
se résoudrait en une fédération de communes. Les
autres y voyaient le but de tout de mouvement
agraire : mettre aux mains de paysans communistes
toutes les propriétés privées. De ces deux tendances,
est sortie la devise : « La terre et la liberté. »

Tous les groupements révolutionnaires, irrécon-
ciliables entre eux, ont en commun cette idée
simple que la terre doit être au cultivateur, mais à
titre indivis, sous le contrôle du *mir*, lequel, à la fin

de la récolte, distribuerait les produits. Bien avant
l'éclosion des théories socialistes, les tsars moscovites accordaient les terres aux paysans communistes, à condition que ces derniers assureraient à
l'homme de guerre, passant sa vie sous les drapeaux, un revenu annuel. Le paysan gardait la
possession du sol en commun, et le seigneur — le
soldat — ne prélevait qu'une part du bénéfice. Cette
part étant insuffisante, les tsars commencèrent à la
compléter par des appointements payés en argent,
par des *jalovanié*. Cette pratique développée con-
duisit à l'idée que la terre revenait de droit au
paysan, et la rente, ou pension de l'Etat, au seigneur. Pierre III et Catherine reconnurent aux
hommes de guerre leurs privilèges, en les libérant
du service obligatoire dans les armées et dans les
bureaux ; le paysan se crut alors en droit d'espérer
que son indépendance personnelle vis-à-vis du seigneur lui serait entièrement rendue et qu'il garde-
rait, pour son seul usage la terre possédée en indivis avec le seigneur.

La devise : « La terre et la liberté » devint le
cri de ralliement pour les bandes paysannes qui
soutinrent la révolte du faux Pierre III, Pougatcheff. Catherine II ne triompha qu'avec peine de
ce soulèvement qui avait embrasé toute la région
du Don et du moyen Volga, et remontait au nord
jusqu'à Simbirsk. Puis l'abolition du servage et la
rentrée des paysans dans la possession exclusive
de leurs terres communales, réclamées dès cette

époque, firent exiler en Sibérie Radishtcheff, le
premier gentilhomme russe qui se prononça en
faveur de la liberté paysanne. Le petit-fils de Catherine, Alexandre Ier, émancipa les serfs des provinces
baltiques ; mais il ne sut point maintenir les terres
dans la possession des paysans libérés, et ce fait
explique la violence que la révolution agraire a
prise récemment dans cette partie de l'empire, où
le paysan est réduit à l'état de prolétaire agricole,
pareil en cela au « laboureur » anglais.

Nicolas Ier comprit la nécessité de n'émanciper
le serf qu'à condition de le doter en terres, et son
fils Alexandre II s'inspira des mêmes principes dans
l'acte libérateur de 1861. Seulement, on ne laissa
pas aux serfs libérés toutes les terres qu'ils avaient
détenues à titre collectif ou en dépendance directe
du manoir ; on réduisit leur part ; dans certaines
régions, on ne leur accorda, à titre gratuit, que la
liberté et une mince parcelle, en gardant le reste
aux seigneurs. C'est là une des raisons pour lesquelles le pillage des châteaux sévit aujourd'hui
dans certains gouvernements de l'est, notamment
à Saratoff, où les « lots des miséreux » sont nombreux. Le paysan n'avait pas reçu en 1861 toute la
terre à laquelle il avait droit : or, la population
ayant doublé depuis l'année 1861, les villageois se
sentent à l'étroit et demandent une nouvelle dotation, aux dépens des ci-devant seigneurs.

La population villageoise atteignait en 1881 le
chiffre de 50 millions ; elle était en 1900 à 86 ; le

lot du paysan, en 1861, était, en moyenne, de 4,8 dessiatines ; il est tombé à 2,6 dessiatines. Cette étendue paraîtrait suffisante à un Occidental, car la dessiatine correspond à un hectare ; mais en Russie, l'assolement triennal reste la règle, et la moyenne de la récolte baisse d'année en année, pour des causes multiples dont la principale est que le paysan réduit ses prairies afin d'étendre ses terres de labour, et que le bétail, devenant de moins en moins nombreux, la terre ne reçoit plus d'engrais.

Les révolutionnaires qui veulent « la terre au paysan » ne font que reproduire une ancienne formule. La confiscation des propriétés seigneuriales passe à leurs yeux pour le moyen unique de relever la condition des villageois. Or, en partageant entre les 86 millions de paysans les 53 millions de dessiatines encore soumises à la régie manoriale, on n'augmenterait guère que de 3/4 de dessiatine le lot du paysan ; et l'on ne changerait pas beaucoup cette proportion, en prenant encore les 4 millions de dessiatines arables que possède le domaine. Toute cette terre, d'ailleurs, devait être attribuée aux communes et les paysans n'en auraient que l'usufruit. Dans le cas contraire, on pourrait prévoir à bref délai la reconstitution de la propriété tant moyenne que grande, par le seul fait de la vente volontaire du sol par ceux des paysans qui, faute de capitaux, d'instruments, de crédit ou de volonté, ne sauraient pas en tirer profit ; en moins d'une génération, la même question des lots paysans finirait par surgir, et il ne resterait plus rien à partager.

Mais les « populistes », pensant que la commune agricole réunit tous les avantages, tant économiques que moraux, s'inquiètent peu de savoir comment le paysan pourra se passer de capitaux et de crédit ; la commune agricole, pensent-ils, doit nécessairement, par la force des choses, devenir une société co-productrice.

Or, la réalité est loin de correspondre à cet idéal. D'une enquête faite dans 49 gouvernements de la Russie d'Europe, il ressort que nulle part les paysans n'ont passé, sur les terres des *mirs* du moins, à un aménagement collectiviste des terres ; on ne cite qu'un exemple dans le gouvernement de Viatka, où les paysans, ayant mis en commun quelques terres prises en fermage, procèderaient à la répartition de la récolte commune. Si, pendant des siècles, la Russie n'est pas arrivée à ce mode collectiviste, croit-on pouvoir transformer le *mir* à coups de décrets ? Une révolution même triomphante à Moscou ferait-elle aussitôt de la Russie un empire communiste ? Les enquêtes d'ailleurs, tout en montrant la possibilité de certains progrès agricoles sous le régime du *mir*, — tels que l'introduction des prairies artificielles ou du fumage des terres, — démontrent, dans plus d'une partie de la Russie, qu'une dissolution spontanée du *mir* tend à devenir la règle : l'individualisme gagne les campagnes ; au sein de la commune, apparaît une classe de prolétaires, qui ont cédé à quelque voisin l'usage de leur parcelle, parfois à la seule charge de payer l'impôt foncier.

Ces faits ont été relevés par maints enquêteurs. Ils ont été même exagérés par certains socialistes, qui ont rompu avec leurs anciens collègues : sous l'influence des idées allemandes, ils ont tourné leurs regards vers la classe ouvrière, qui se recrute parmi les dépossédés du village, et qui, sous les deux derniers règnes, a gagné en nombre et en importance au fur et à mesure du développement de nos industries nationales. C'est ce parti, de plus en plus nombreux, qui s'intitule *social-démocrate*.

*
* *

La doctrine des *social-démocrates* n'est autre que celle de leurs confrères d'Allemagne, de France ou d'Italie. Ils se considèrent comme les disciples de Karl Marx et suivent l'interprétation que donnent de ses écrits Engels, Bebel et Kautzky. Un petit bourgeois m'exprimait naïvement sà crainte de cette nouvelle invasion étrangère. Le plus mince des disciples de Marx a eu son traducteur en Russie ; quant aux œuvres du maître, nous en possédons trois éditions qui se sont toutes fort bien vendues. On jure par Marx comme on jurait, il y a trente ans, par Darwin, Spencer ou Bückle. Les questions d'économie russe sont traitées d'après une méthode qui rappelle celle des théologiens au

moyen âge : on cherche dans la nouvelle Bible, qui
est le *Capital* de Marx, telle ou telle sentence, et
on tâche de trouver dans tel ou tel fait de notre
évolution la confirmation exacte de cette phrase.
C'est ainsi qu'on condamne le système du *mir*
comme un obstacle à la marche ascendante du
prolétariat. On approuve la création de grandes
usines et de grandes fabriques, même à coups de
tarifs protecteurs, le capitalisme étant considéré
comme l'antithèse nécessaire de l'économie « naturelle » ; on espère arriver par cette étape obligatoire à la synthèse du communisme bienfaisant.

Ce jeu avec les formules, — que Marx aurait probablement été le premier à condamner, — détermine l'attitude des *social-démocrates* en certains
problèmes pratiques d'une haute portée. Ils sont
loin de condamner toute politique qui tendrait à
dissoudre la co-propriété du *mir* ; ils ne trouvent
aucune raison de protester contre le protectionnisme
à outrance du comte Witte et de son prédécesseur
direct dans l'administration des finances et du commerce russes. Mais cette même raison les pousse
à soutenir les aspirations de la société russe tout
entière vers la liberté, vers le régime constitutionnel : ils voient en ce régime non seulement un
moyen de propagande pour leurs idées, mais aussi
la condition nécessaire d'une évolution plus rapide
du capitalisme. Sur ce point, une entente cordiale
entre socialistes et radicaux paraîtrait fort naturelle. Quelques chefs du mouvement marxiste l'ont

même appelée de leurs vœux : M. Plekhanoff, qui, dans le parti socialiste, a joué durant ces vingt dernières années un rôle prépondérant, a plus d'une fois déclaré que le parti ouvrier avait un double devoir : se libérer du joug des patrons et de leur exploitation économique ; conquérir des droits politiques qui mettraient un terme à l'arbitraire policier et qui feraient des Russes les citoyens libres d'un pays libre (1). Le même écrivain insiste, non sans raison, sur ce fait que les « populistes » et autres socialistes révolutionnaires, en grossissant l'importance du *mir* et en réduisant tous les problèmes au triomphe du communisme agraire, étaient et sont encore plutôt hostiles à tout mouvement constitutionnel (2).

Mais en demandant une constitution, les *social-démocrates*, à en juger par les articles du même M. Plekhanoff, entendaient un régime basé sur le suffrage universel et sur la reconnaissance à tous les Russes des droits publics du citoyen (3). Ce fait mérite d'être noté, car il autorise les *social-démocrates* à dire qu'en réclamant un suffrage universel,

-----

(1) Voyez notamment sa Lettre aux ouvriers russes, publiée en 1885 dans un journal clandestin, *L'Ouvrier*, et que M. Plekhanoff vient de reproduire dans le recueil d'articles politiques qu'il fit paraître à Genève en 1905, p. 87.

(2) Voyez dans le même recueil l'étude intitulée : « Les buts politiques poursuivis par les socialistes russes », p. 127.

(3) *Ibid.* Etude intitulée : *Le Socialisme et la Lutte politique,* p. 75 du recueil.

égal, direct et secret, le parti radical n'a fait qu'emprunter leur formule.

Les *social-démocrates* se rendent un compte plus exact de la réalité que leurs antagonistes directs, les « populistes » ou révolutionnaires. L'insuccès de toutes les tentatives pour entraîner le peuple des campagnes les a tournés vers l'ouvrier. Déjà, en 1883, M. Plekhanoff déclarait que, contrairement aux « populistes », qui poursuivaient la réalisation de l'idéal paysan, ses disciples et confrères devaient s'adresser tout particulièrement aux classes urbaines et industrielles (1). Ils ont suivi l'évolution de la grande industrie et ont cherché à s'établir dans les usines et les fabriques, afin d'y répandre les idées collectivistes. Leur propagande a eu des résultats autrement grands que celle des missionnaires populistes ; ils ont créé des foyers nombreux de révolte. Tout le mouvement gréviste des vingt dernières années a été dirigé, sinon directement fomenté, par le parti socialiste-démocrate. Il faut reconnaître que la situation faite à nos ouvriers par la législation du travail et de l'industrie, ou plutôt par le manque de toute législation à cet égard, facilitait singulièrement la tâche des agitateurs.

Il y a trente ans, on ne connaissait en Russie aucune mesure protectrice de l'enfance, et le travail des femmes était soumis au même arbitraire que

____

(1) Voyez dans le même recueil l'article « Socialisme et lutte politique », p. 17.

celui des hommes ; toute grève était traitée de délit.
On ignorait la responsabilité des patrons pour un
dommage causé par leur incurie ; l'arbitraire le
plus complet permettait aux industriels de châtier
le manque de zèle et l'inconduite de leurs ouvriers.
Dans un recueil qui vient d'être publié en allemand
et dont une traduction française doit paraître pro-
chainement, *Ce que les Russes disent de la Russie*,
un économiste du parti socialiste-démocrate,
M. Totomiantz, a consacré une étude très détaillée
à la question ouvrière russe : de 1880 à 1890,
l'ouvrier était payé, en moyenne, pour une heure
de travail, cinq copecks, tandis qu'en Angleterre
il en touchait vingt, et en Amérique vingt-six (un
copeck vaut à peu près deux centimes et demi) (1).
Ce maigre salaire était versé, non pas toujours en
argent, mais en objets de consommation, par les
économats que les fabricants étaient autorisés à
installer chez eux. Tous les prix des marchandises
y étaient majorés. On ouvrait un crédit aux beso-
gneux, mais à condition de prélever un intérêt
mensuel On recourait aux amendes comme à un
moyen de combler le déficit. J'ai entendu dire à un
ancien directeur des fabriques de M. Thimothée
Morosoff, que la grande grève, qui ouvrit la longue
série sous le règne d'Alexandre III, fut directement

(1) *Russen über Russland*, publié par Joseph Melnic (Franc-
fort-sur-le-Main, 1906, p. 257).

provoquée par ce pouvoir discrétionnaire des patrons.

La journée ouvrière ne fut réglée par une loi générale qu'en 1897, sous le ministère Witte, grâce à M. Wladimir Kovalewsky, qui devint bientôt après ministre-adjoint et directeur du commerce et de l'industrie. Cette loi de 1897 établit que le travail ne doit pas durer plus de onze heures et demie. Restaient les heures supplémentaires que les industriels avaient le droit d'imposer à leurs ouvriers sous le prétexte d'une entente amiable, laquelle n'était le plus souvent acceptée des travailleurs que sous la crainte de perdre une situation acquise. Or, il paraît, d'après les rapports des inspecteurs de fabriques, que, rien que dans l'année 1902, trois mille deux cent soixante-treize plaintes individuelles ont été présentées par les travailleurs cont e des chefs d'industrie les ayant forcés à accepter un travail supplémentaire. On a, par conséquent, le droit de dire que, de fait, aujourd'hui encore, l'ouvrier russe est obligé de fournir une journée qui dépasse onze heures et demie.

Quant à la protection de l'enfance contre tout surmenage, le travail des enfants n'ayant pas atteint douze ans n'était défendu jadis que dans les entreprises minières. Ce n'est qu'à partir de 1882 que cette défense fut appliquée aux usines en général. Un travail ne dépassant pas huit heures, telle est la règle aujourd'hui. Mais il paraît que toutes ces lois ne sont presque jamais respectées à la lettre,

Il paraît que dans les années 1901 et 1902, les inspecteurs des fabriques ont eu l'occasion de signaler deux mille à trois mille plaintes collectives contre des chefs d'industrie ayant forcé les ouvriers à un travail supplémentaire (1). La majeure partie des grèves a revendiqué une journée moins longue et un salaire plus conforme aux besoins urgents des ouvriers. D'autres grèves ont eu pour cause déterminante le désir de contraindre les patrons à diminuer les amendes : il paraît que la législation russe a été modifiée depuis 1890 dans un sens défavorable aux intérêts des ouvriers ; les patrons ont été autorisés à élever leurs amendes à un taux égal au salaire de six journées (d'après la loi de 1882, l'amende ne devait pas dépasser le salaire de trois journées) (2). D'autres grèves encore ont réclamé quelque assurance contre les accidents : ce n'est qu'en 1901 et 1903 que le législateur a réglé la compensation en cas d'accident.

Il est incontestable que cette législation ouvrière ne fut obtenue que par les grèves ; la loi de 1897, par exemple, qui règle la journée de travail, suivit l'arrêt des usines de Pétersbourg qui, durant quelques jours, empêcha la rentrée de l'empereur Nicolas II après son couronnement. Ce rapport étroit entre les grèves et les progrès de la législation

(1) Consulter l'étude de M. Procopovitch sur la *Durée de la journée ouvrière* (en russe), p. 17.

(2) *Russen über Russland*, p. 278.

ouvrière n'est pas fait pour inspirer aux ouvriers
russes des doutes sur l'efficacité de ce moyen plutôt violent. Ne pouvant pas faire parvenir leurs
plaintes à la connaissance du public et des autorités par la voix de leurs orateurs, les ouvriers ont
recours à la grève. Nous en avons eu un exemple
frappant tant à Pétersbourg qu'à Moscou durant
l'automne de 1905. D'ailleurs, les diverses classes
de la société russe, sans en exclure celles qui
auraient les plus grandes raisons de s'en plaindre,
sont plutôt portées à encourager la grève comme un
moyen, moins violent que l'émeute, de mener à
certaines réformes que tout le monde est impatient
d'obtenir. Si la grève générale, dont le résultat
direct fut le manifeste impérial du 30 octobre, c'est-
à-dire la promesse de libertés publiques et d'une
constitution, eut ce succès presque inattendu, c'est
que patrons et ouvriers, ingénieurs et simples
manœuvres, directeurs des journaux et typographes, toutes les classes furent également décidées
à interrompre le travail, à arrêter la vie économique du pays, afin de rendre intenable la situation
du gouvernement et le pousser dans la voie des
concessions exigées par l'esprit public.

J'ai eu l'occasion de visiter alors les bureaux d'une
revue libérale et d'un journal progressiste. Leurs
directeurs, d'anciens amis, se plaignaient amère-
ment de la situation qui leur était faite par les
événements, mais ils continuaient à payer à leurs
ouvriers typographes les journées de chômage. Et

il en était ainsi dans toutes les entreprises industrielles et commerciales, de Pétersbourg jusqu'à
Odessa et Tiflis. Dans ces conditions, la réussite
de la grève générale perdait en octobre le caractère
de miracle que, mal informés, les Occidentaux
voulaient bien lui reconnaître. Mais des élans
aussi généreux ne reviennent pas d'une façon périodique. Aussi, malgré les prophéties de quelques
chefs du parti ouvrier, les dernières grèves en
décembre ont-elles abouti à un échec.

Une grève qui avorte est souvent le point de
départ d'une émeute. Je ne fais pas retomber sur
les meneurs du parti socialiste-démocrate la responsabilité des événements douloureux qui viennent de se produire à Moscou, avec leur répercus-
sion dans les provinces. Il est incontestable que ni
M. Plekhanoff, ni d'autres leaders du parti n'ont
poussé à cette émeute : naguère encore, dans une
feuille volante que M. Plekhanoff fait paraître sous
le nom de *Journal d'un Social-Démocrate*, ce chef
de la social-démocratie s'attaquait avec véhémence
à ceux qui ne manquaient aucune occasion de
prêcher un soulèvement armé. En le faisant,
M. Plekhanoff courait le risque de mécontenter bien
des gens. Lors de mon récent séjour à Moscou,
j'eus plusieurs fois l'occasion de m'adresser à un
public assez nombreux ; je me trouvai toujours en
présence d'auditeurs qui faisaient fi de toute discussion constitutionnelle et ne voulaient traiter
qu'une seule question, l'achat des armes. Les

attaques en plein jour de meetings socialistes par
une foule, que la police avait plus ou moins travaillée, avaient amené un pareil état d'esprit. Le
gouvernement, en remettant du jour au lendemain
l'exécution des réformes promises ou en exaspé-
rant le public par des contre-réformes, — telles la
nouvelle loi sur la presse et la loi sur les associations, — préparait cette levée de revolvers.

L'émeute à Moscou apparut soudain avec une
force inouïe et sut, pendant plus d'une semaine,
infliger des échecs à six ou huit mille soldats. Mal
armés, les émeutiers recoururent à la dynamite ;
des bombes furent lancées en diverses parties de
la ville et portèrent l'épouvante dans les milieux
bourgeois. Le manifeste révolutionnaire avec sa
promesse de la terre aux paysans et d'une journée
ouvrière de huit heures, n'était pas fait pour concilier les sympathies de la classe possédante. Aban-
donnés par ceux qui les avaient soutenus dans la
seconde moitié d'octobre, les grévistes en décembre furent vaincus : après des actes de courage et
un déploiement de forces dépassant les attentes
les plus optimistes, l'émeute finit par s'éteindre
en laissant au gouvernement une grave responsabilité pour son manque de prévoyance, suivi d'un
excès d'énergie.

Les derniers événements ont, sans aucun doute,
diminué le prestige des partis avancés et fortifié la
situation du gouvernement. Désormais, il pourra
compter sur l'armée qu'à tort ou à raison on faisait

passer pour révolutionnaire. Il est certain, d'autre
part, qu'une réaction se fait parmi les libéraux à tendances démocratiques et que plus d'un à l'heure qu'il
est, se demande si le suffrage universel direct, que
leur programme a emprunté aux socialistes, n'est
pas fait pour soutenir les seuls intérêts des « liquidateurs » de l'ordre social... Nous allons voir peut-
être se détacher de la social-démocratie quelques
nouveaux partis bourgeois et agrariens, ayant quelques traits communs avec les radicaux humanitaires,
qui ont pris le titre de *constitutionnalistes-démocrates*.

*
* *

A en croire les chefs du parti constitutionnel-
démocratique, l'origine des revendications libérales et égalitaires remonterait à peine à quelques
années, à l'apparition d'une revue russe, nommée
Délivrance, qui fut créée à Paris, et d'une société
clandestine, qui se forma pour soutenir matériellement et moralement cet organe des revendications
démocratiques.

Il faudrait méconnaître tout notre passé pour
rattacher à un fait aussi mince l'origine du libéralisme égalitaire en Russie. Il faudrait perdre de
vue l'activité des loges maçonniques sous Catherine II, alors que Novicoff et Schwarz répandaient,
par leurs publications périodiques et leurs discours
dans les loges, les principes de liberté et d'égalité
dont la franc-maçonnerie a été un des propagateurs

dans le monde. Sous Alexandre Ier, les mêmes idées inspirèrent, pendant bien des années, les conseillers intimes du tsar, qui, lui-même, en tant qu'élève du vaudois La Harpe, rêvait de république et voulait doter son pays d'une constitution démocratique. Les idées françaises étaient fort répandues parmi les officiers qui revinrent de Paris, en 1815, ainsi que dans les milieux bureaucratiques, dont le chef était Spéransky, ce parvenu génial qui s'était attiré la bonne grâce de l'empereur en partageant son engouement pour la liberté politique, mais qui eut le tort de prendre cet engouement au sérieux et de proposer tout un plan de réformes.

En 1815, la Sainte-Alliance et son idéal mystique vinrent remplacer à la cour de Pétersbourg l'influence des idées napoléoniennes ; le gouvernement impérial entra résolument dans la voie de la réaction. Mais il n'en fut pas de même des classes éclairées, dont les tendances égalitaires et libérales prirent une direction déterminée. Ceux que plus tard on surnomma les « hommes de Décembre » réclamaient, en leurs sociétés secrètes, l'émancipation immédiate des serfs et leur dotation en terres, mais aussi une constitution politique à la française, à large base électorale. L'avènement de Nicolas Ier (1825), qu'on savait être contraire à toute réforme, devint le signal d'une rébellion militaire qui fut étouffée dans le sang. Ceux qui l'avaient fomentée expièrent leur généreux élan par la mort ou par un long exil en Sibérie ; mais la doctrine libérale et égalitaire dont ils avaient été les porte-paroles continua à germer dans les esprits. Elle avait beau prendre parfois une teinte catholique, sinon cléricale, comme ce fut le cas de la propagande anti-tsariste entreprise dans la haute société moscovite par Tchaadaieff, un disciple des jésuites ; elle n'en restait pas moins hostile à l'autocratie. Aussi Nicolas Ier poursuivit-il de sa haine cet officier indiscipliné que notre grand poète Pouchkine comparait à Périclès et à Brutus.

Des esprits plus ouverts aux idées scientifiques, le naturaliste Herzen et le poète Ogareff, des critiques de talent, Bielinsky, des professeurs d'histoire, Granovsky et Koudriavtzeff, maintinrent l'idéal démocratique et égalitaire en le rattachant au grand mouvement philosophique qui venait de se produire en Allemagne et dont les néo-hégéliens avaient éliminé toute tradition conservatrice. Dans l'impossibilité de prêcher leurs doctrines en Russie, Herzen et Ogareff franchirent la frontière, pour faire de Paris et de Londres les foyers de l'agitation émancipatrice. Moins fortunés, Granovsky et Bielinsky furent amenés à parler la langue d'Esope pour faire entendre à un vaste auditoire les principes politiques qui dirigent l'évolution de l'Etat moderne.

A la mort de Nicolas Ier, suivie de près par la débâcle de Sébastopol, la Russie entra dans la période des grandes réformes. Pour préparer les esprits, il fallut accorder une plus grande liberté à la presse, qui en profita pour une propagande systématique d'idées égalitaires et libérales. Toutes les formes de la production littéraire servirent à cette fin, sans en omettre le roman et le drame. Des nouvellistes, dont tout le talent se réduisait à être des hommes bien pensants, eurent, pendant des années, une vogue imméritée, et on relégua au second rang des œuvres autrement intéressantes, — les romans de Gontcharoff, de Pissemsky et même de Dostoïewsky, — dont les auteurs n'étaient pas dans le mouvement ou même y étaient contraires.

Malgré la réaction, qui commença avec la malheureuse insurrection de Pologne en 1863 et les premiers complots nihilistes, la presse libérale continua à lutter contre la censure. A la place du *Contemporain*, supprimé après l'arrestation, puis l'exil, de son principal critique Tchernyshevsky, surgirent les *Annales de la Patrie*, dirigées par le poète « populiste » Nékrassoff, par cette espèce de Rabelais russe que fut le grand écrivain satirique Saltykoff-Chtchedrine, et le critique quelque peu positiviste et à tendances égalitaires, Nicolas Mikhaïlovsky. Quand ce périodique cessa de paraître, sur l'ordre exprès du ministre réactionnaire Tolstoï, le *Courrier de l'Europe*, de teinte modérée, *la Richesse russe*, du romancier Korolenko, et *le Monde de Dieu*, devinrent bientôt le foyer de réclamations démocratiques et même marxistes. Plus surveillés, nos journaux à teinte libérale coururent souvent le risque d'être supprimés. La *Gazette de Pétersbourg*, dirigée par Korsh, disparut, pour être, d'ailleurs,

immédiatement remplacée par un organe plus
habile, *la Voix (Golos)* ; quand cette dernière tomba
sous les coups de la censure, la *Gazette russe* de Moscou en prit la succession. C'est ainsi que le programme, plutôt radical que libéral, trouva constamment des défenseurs, et que la classe lettrée fut
entretenue dans les idées qui inspirent les gauches
dans n'importe quelle Chambre de l'Occident.

Il est curieux de constater l'insuccès de toutes
les tentatives faites pour introduire au sein des
classes dirigeantes et même du tiers-état, les doctrines conservatrices et aristocratiques de prove-
nance anglaise ou prussienne ; malgré son incontestable talent, les revues et les journaux publiés
par Katkoff, d'abord anglomane et plus tard tsa-
riste, n'eurent qu'un faible succès. Des esprits
plus pondérés et surtout plus honnêtes, tel le professeur Tchitchérine, n'eurent, à leur tour, qu'une
faible prise sur les esprits. La Russie n'a jamais
eu d'aristocratie indépendante du gouvernement,
ni de bourgeoisie distincte de la masse du peuple ;
aussi, chez nous, l'idée de liberté n'est jamais
entrée en conflit avec le principe de l'égalité ; le
constitutionnalisme russe a toujours été démocratique. Tout l'effort récent, dont la société clandestine la « Délivrance », fut le centre, n'est que le
dernier rameau de cet arbre à racines profondes.
Rien d'étonnant, par conséquent, si, de tous les
groupements, le groupe radical-libéral a le plus
d'attaches avec notre passé, quoique, à première

vue, il ne paraisse remonter qu'à une date récente.

Aussi longtemps que la dictature de Plehve ne laissait entrevoir la possibilité d'aucun autre parti conservateur en Russie que celui qui fait du tsarisme un dogme et de la détention par ordre administratif, de la censure des journaux et de l'exil en Sibérie, les plus sûrs moyens de rallier les esprits aux principes éternels de l'ordre, tout le libéralisme russe, groupé dans la réclamation d'une liberté égalitaire, faisait bloc. Mais après la disparition du puissant dictateur, alors que d'autres, de moindre envergure, tentaient vainement de donner à son système une survie, les langues se délièrent, chacun voulut introduire son programme personnel de revendications politiques et sociales. Et le parti libéral commença à se désagréger petit à petit.

Il en sortit d'abord le groupe des radicaux, connus sous le nom de constitutionnalistes-démocrates. Puis une nouvelle scission coupa en deux les libéraux qui restaient, d'une part, un groupe républicain, et, de l'autre, les partisans du régime légal. De nouveaux groupements apparaîtront, bientôt, je crois, à tendances peut-être moins idéologistes, et qui auront pour but la sauvegarde de certains intérêts, — tel le groupe des industriels et celui des marchands.

L'évolution, dont je viens d'indiquer la pente, peut être constatée dans les congrès tant des zemstvos ou conseils généraux, que du parti consti-

16.

tutionnel démocratique. Les congrès des zemstvos,
d'ailleurs, ne firent que répéter, à quelques exceptions près, ce qui avait été dit et décidé à la réunion
des constitutionnalistes-démocrates. Quelques voix
discordantes, qui n'étaient qu'un lointain écho des
doctrines slavophiles, cessèrent bientôt de se faire
entendre devant l'animosité très marquée de la
grande majorité des congressistes : M. Chipoff, sous
Plehve, avait été l'idole des conseillers généraux
et l'objet des poursuites du tout-puissant ministre ;
il n'eut dans les premiers congrès qu'une si infime
minorité que, ne pouvant supporter son échec, il
préféra sortir de l'organisation des zemstvos et ne
reparut plus aux congrès suivants. Son système
consistait, en définitive, à maintenir l'autocratie,
tout en lui adjoignant un conseil consultatif qui se
recruterait parmi les membres des conseils généraux : le tsar devait, d'après la formule slavophile, garder toute liberté d'action ; le peuple
n'aurait droit qu'à la liberté de pensée et de parole.

Depuis le départ du petit groupe dont M. Chipoff
était le chef, les congrès des zemstvos tombèrent
sous l'influence du parti constitutionnaliste-démocrate : des minorités de quatorze et seize membres
présentent le chiffre le plus élevé des dissidents.
Ces congrès de conseillers généraux, — auxquels
se joignent les délégués des principales villes de
l'empire, — ne sont qu'une des formes de l'organisation du parti libéral-démocratique. D'autres
groupements ont un caractère professionnel, et

syndiquent des ingénieurs, des avocats, des professeurs, des médecins. Le parti constitutionnel-démocratique a consenti à entrer, à titre collectif, dans une ligue fédérative de tous ces groupements professionnels, laquelle a constitué une espèce de comité exécutif connu sous le nom d'*Union des Unions.* Cette Union a lancé, à l'occasion de la défaite de Tsoushima et de la publication d'une pseudo-constitution par le ministre Bouliguine, des manifestes d'une telle violence que certains membres du parti constitutionnel démocratique ont demandé à ne plus engager ainsi la responsabilité de tout le groupe. Il s'en suivit des discussions assez violentes à la réunion du parti dans la seconde moitié de juillet (1). Les plus avancés voulaient rester en parfait accord avec la commission exécutive des groupements professionnels ; d'autres, moins téméraires, groupés autour de M. N. Mouravieff, avocat à Moscou, et M. Petrovo-Solovovo, voyaient à redire à la façon un peu leste dont les congrès des zemstvos étaient traités au sein de l'Union des Unions et à la tournure franchement révolutionnaire que prenait celle-ci (2). C'est à

(1) Elle eut lieu le 9 et le 10 juillet 1905 (style russe).
(2) Dans le manifeste de l'Union des Unions, le gouvernement était traité de bande de brigands contre qui tous les moyens étaient permis (Voyez les discussions au sein de la réunion du parti démocratique, publiées dans l'appendice des numéros 78-79 de la revue la *Délivrance*, et parues à Paris, le 18 octobre 1905).

l'occasion de ces débats que se fit sentir, pour la première fois, l'influence prépondérante du professeur Milioukoff qui, à l'heure qu'il est, peut être considéré comme un des *leaders* du parti constitutionnel-démocratique.

J'ai connu Milioukoff à diverses époques de sa vie, d'abord comme un étudiant fort studieux et très « débrouillard » qui, bientôt, s'imprégna de philosophie positive et appliqua à l'étude de l'histoire russe les méthodes des sociologues. Il eut la chance de rencontrer dans la personne du professeur Klutchevsky un des grands maîtres de l'historiographie russe. Cet élève soumis devint bientôt un disciple indiscipliné. Il dépassa son maître en radicalisme et s'attira par quelques conférences éloquentes dans les provinces les foudres du gouvernement qui lui retira d'abord l'autorisation de faire des cours à l'université de Moscou. Ses écrits, ainsi que les poursuites dont il était devenu l'objet, lui attirèrent les sympathies des libéraux.

On s'occupa de lui trouver alors une chaire à l'étranger ; il devint, pour un temps, professeur à Sofia ; mais de nouvelles poursuites, cette fois officieuses et dirigées par l'agent diplomatique russe en Bulgarie, coupèrent court à son enseignement. Ses appointements lui furent gardés, mais on l'invita à entreprendre des promenades archéologiques en Macédoine. L'archéologie ne paraît pas s'être enrichie de cette enquête, où l'archéologue acquit une connaissance très approfondie de cette province toujours en révolte, ce qui lui permit de faire un cours très suivi à l'université de Chicago sur la question slave dans les Balkans.

Rentré en Russie, M. Milioukoff dirigea quelque temps la plus avancée des revues russes, le *Monde de Dieu*, et fit paraître, d'abord sous forme d'articles, puis en volume, une série d'études sur l'histoire de la civilisation russe. Une traduction française ayant été publiée du premier volume de son ouvrage, l'université de Chicago lui demanda un cours libre sur la « Crise russe ». De Chicago, il passa au Lowell Institute de Boston où il fit également quelques leçons, en décembre 1904. Il réunit, en 1905, ses conférences en un livre, publié par l'université de Chicago et qui est à lire et à traduire, car il contient un exposé fort détaillé aussi bien de la tradition nationaliste, religieuse et politique, que du mouvement des idées libérales et socialistes en Russie. Je ne connais pas dans la littérature étrangère un meilleur *vade mecum* pour tout journaliste qui voudrait se mettre au courant de la pensée russe.

Le succès mérité que M. Milioukoff obtint au delà de l'Atlantique fit porter sur lui les yeux des membres les plus avancés du parti libéral. Retour d'Amérique, après quelques conférences contradictoires dans les provinces, il accepta de faire partie de l'Union des Unions. Quand parut le manifeste violent du comité exécutif, le gouvernement l'en considéra comme l'auteur, ce qui lui valut quelques semaines de prison. Les recherches domiciliaires,

faites pour découvrir un complot, échouèrent
piteusement ; Milioukoff fut libéré de la prison
préventive et fit en même temps que moi son entrée
au Congrès des zemstvos qui siégeait à Moscou en
septembre. Il commença à prendre une influence
de plus en plus marquée dans les réunions du bureau
des zemstvos et dans celles des démocrates-cons-
titutionnalistes. C'est un grand travailleur, un
homme à formules nettes, d'un tempérament plutôt
agressif. Mais il n'a pas le courage de rompre avec
les partis avancés qui, néanmoins, ne lui savent
point gré de son attitude généralement conciliante.
A l'intérieur du parti, c'est l'homme du dogme qu'il
a d'ailleurs contribué le plus à établir : au moment
même où, grâce à la grève des chemins de fers
bon nombre des constitutionnalistes-démocrates,
essayaient vainement de pénétrer à Moscou, une
réunion du parti, nécessairement fort limitée,
s'érigea en un nouveau concile de Nicée et fit
paraître quelques articles de foi, embrassant toutes
les questions politiques, sociales et économiques ;
ce programme reflète l'intransigeance jacobine de
mon collègue et ami.

Milioukoff est centraliste et ne prononce que du
bout des lèvres le mot d'autonomie locale : il est
opposé à toute concession fédéraliste. Il est partisan
d'une Chambre unique, nommée par un suffrage
universel, direct et secret, mais il ne veut point du
vote des femmes. Cette Chambre unique serait une
espèce de Convention, réglant les destinées futures

de l'empire, le dotant d'une constitution, d'une loi électorale, et précisant les rapports du gouvernement avec le pouvoir législatif et le pouvoir judiciaire. Il y a lieu de croire que Milioukoff est très impressionné par l'exemple de la Bulgarie et de sa chambre paysanne. Toute idée de donner une représentation aux intérêts de vastes régions à tendances séparatistes, au sein d'un Sénat fédératif, est nécessairement antipathique à cet esprit, qui érige en loi, je dirais providentielle, le fait brutal de l'engloutissement par la Moscovie de toutes les principautés et de toutes les républiques ayant jadis existé en Russie. Les Polonais, les Géorgiens, les Petits-Russiens, et tant d'autres nationalités opprimées, ne trouveront pas grâce devant ce jacobin intransigeant le jour prochain où il prendra résolument entre ses mains la direction du parti.

En ce moment, il a su conquérir l'amitié et le réel concours de quelques jeunes professeurs, membres du même groupement, ainsi que du bureau qui prépare les congrès des zemstvos. Très versés dans l'étude des constitutions modernes, ils ont fait du recueil de M. Dareste, leur *vade mecum* habituel. Mais, pour les théories, ils s'inspirent de l'école allemande de Laband et de Jellineck. Grâce à leur présence, on entend souvent, dans les débats, des citations de telle ou telle formule empruntée à la Constitution du Portugal ou de la Grèce moderne. Les gens des zemstvos, gens plutôt pratiques et peu versés dans l'étude des constitutions, se laissent un peu éblouir par ces lumières précises et brutales. Il est amusant de constater comment, après une heure ou deux de débats, le président trouve bon de recourir à l'autorité incontestée de ces deux ou trois oracles qui ont toujours sous la main des textes de résolutions, souvent embrouillées, mais qu'on vote de confiance. D'ailleurs, depuis des mois qu'on se livre à cet exercice, on a fini par résoudre tous les problèmes de réorganisation de l'empire. On a élaboré des projets infinis : projet de loi organique de l'empire ce qui veut dire constitution ; projet de loi électorale ; projet de loi sur l'inviolabilité personnelle ; projet de loi sur le droit de réunion et d'association ; projet de loi sur la presse ; et cela sans compter les déclarations d'ordre plus général sur l'ensemble des droits de l'homme et du citoyen ou sur les droits des nationalités de l'empire.

La tendance qui prédomine dans toutes ces œuvres quasi-législatives est vers des solutions ultra-démocratiques, se rapprochant de la politique française ou belge. Mais on enferme ces résolutions dans des formules plutôt alambiquées, qui gardent l'empreinte de manuels allemands. Rien de moins personnel, par exemple, que le projet de loi organique de l'empire. Pour l'écrire, on a dû consulter les plus récents textes de constitution, ainsi que les projets plus élaborés, et par cela même plus volumineux, publiés à Paris au printemps de l'année 1905, dans le but d'éclairer l'opinion publique et de servir de matériaux à la réorganisation politique de la Russie.

Ce projet diffère des idées chères à M. Milioukoff, en ce qu'il recommande le système de deux Chambres, dont l'une serait composée de députés nommés par le suffrage universel et l'autre de délégués des conseils généraux et municipaux. Le seul point bizarre, ou, si l'on veut, original, est la façon dont on voudrait mettre d'accord les résolutions discordantes de ces deux assemblées : on recommande le système adopté en France pour l'élection du président ou la révision de la Constitution ; on ferait un Congrès des deux assemblées et la question serait tranchée à la simple majorité des personnes présentes ; dans de pareilles conditions, les représentants des tendances fédéralistes auraient toujours tort, et les jacobins centralistes — toujours raison. Un autre point à noter et qui nous fait revenir aux traditions des anciens parlements de France, est le droit reconnu aux cours judiciaires de ne point appliquer une loi qui leur paraîtrait non conforme au texte de la Constitution. Notons encore l'indécision avec laquelle l'auteur établit la responsabilité des ministres devant les Chambres. En dehors de ces erreurs manifestes, le projet n'est qu'un résumé des lois occidentales les plus récentes et les plus démocratiques.

Pour les élections, on recommande le scrutin d'arrondissement : un député à tout district de 150.000 âmes. Cela nous donnerait une Chambre.

Kovalevsky 17

de 900 à 1.000 représentants qui, naturellement, auraient de la peine à s'entendre et finiraient par remettre tout le travail législatif à des commissions parlementaires. Malgré ses imperfections, le texte a été accepté par le parti démocratique comme l'expression de son *credo* électoral, et répandu à grand nombre d'exemplaires. Ses principes ont été reproduits, d'ailleurs, dans le programme élaboré par la réunion du parti constitutionnel-démocratique dans ses séances du 12 au 18 octobre 1905 (style russe). En tête de ce programme, un discours de M. Milioukoff donne un historique du parti et tâche d'en définir les limites. En voici quelques lignes :

La vie a déjà délimité notre parti de ceux qui l'avoisinent. A droite, on a lancé certain mot d'ordre qui indique la façon dont nos adversaires voudraient se séparer de nous. On tâche de nous combattre en s'appuyant sur le principe de l'unité de la Russie et de l'inviolabilité de la propriété, comme si nous avions l'intention de nier l'un ou l'autre. Le parti constitutionnaliste-démocrate accepte, au contraire, l'un et l'autre ; il n'est l'ennemi instransigeant que de la centralisation administrative bureaucratique et de la doctrine manchestérienne dans le domaine économique. Ainsi, la vraie limite ne passe point là où vont la chercher nos adversaires de droite, mais à l'endroit même où les intérêts de classe des agrariens et des grands industriels russes élèvent leurs revendications. Notre parti ne sera jamais le défenseur de pareils intérêts.

Il en est autrement de ce qui nous divise avec nos alliés plutôt qu'avec nos adversaires de gauche. Nous occupons, ni plus ni moins qu'eux, l'aile gauche du mouvement politique russe, mais nous ne demandons pas avec eux une république démocratique et la socialisation des moyens de production. Les uns n'acceptent pas ces principes parce qu'ils les trouvent insoutenables ; les autres — pour cette seule raison qu'ils ne considèrent pas comme pratique de les revendiquer en ce moment.

M. Milioukoff trouve nécessaire d'éviter toute rupture avec les partis extrêmes. Quant au texte du programme, il contient une déclaration des droits de l'homme qui ne se distingue de celle de 1789 que par l'omission voulue de tout article concernant l'inviolabilité de la propriété. Une pareille omission me paraît d'autant plus bizarre, que dans la partie économique du programme, il n'est pas question de confisquer les propriétés, mais seulement de les racheter pour en faire bénéficier les paysans. Ce rachat doit être fait, déclare-t-on, à juste prix, et non au cours des marchés. Nos démocrates constitutionnalistes auront maille à partir avec cette question : leur juste prix prendra la forme d'un maximum établi par des bureaux siégeant à Pétersbourg ou dans les chefs-lieux de province.

Un juste prix devra également être recherché quand il s'agira de régler le montant de la rente prélevée par les propriétaires sur leurs fermiers. Pour y arriver on aura recours à une loi du maximum ; mais dans ce cas les propriétaires auront le moyen de tourner la loi en réduisant le nombre de leurs fermages et en augmentant celui de leurs domaines mis en régie directe. Or ceci, bien entendu, n'est pas fait pour diminuer la pénurie des terres mises à la disposition des paysans.

Je trouve beaucoup plus de points communs avec
mes propres vues dans la façon dont les membres
du parti constitutionnel-démocratique entendent
les pouvoirs à accorder aux Chambres législatives
et aux cours judiciaires, ainsi que dans leur façon
de réformer, sur des bases démocratiques, le système du *self-government* local ou de reconnaître
aux nationalités de l'empire le droit de faire usage
de leur propre langue dans les écoles primaires et
secondaires. Quant à la question ouvrière et à la
réforme des impôts, les constitutionnalistes-démocrates ne se prononcent que pour le développement
ultérieur de la législation des fabriques et pour l'introduction d'un système d'assurances contre les
maladies et la vieillesse, avec le concours de l'Etat.

Leur système financier, plutôt simpliste, se réduit
à énoncer un vœu en faveur du remplacement gra-
duel des impôts indirects par les impôts directs,
lesquels, à leur avis, devraient porter sur le revenu
avec une tendance marquée vers la progression :
les héritages devraient être soumis immédiatement
à un impôt progressif. Notons encore le désir de
voir les objets de première nécessité affranchis des
douanes, et le tarif modifié de façon à faciliter le
développement de l'industrie et de l'agriculture. Les
Caisses d'épargne devraient servir à alimenter le
petit crédit. Il va sans dire que nos radicaux se
prononcent en faveur d'une instruction générale,
obligatoire et gratuite, de l'autonomie des écoles
supérieures et de l'admission à leurs cours des hom-

mes et des femmes, sans distinction de nationalité ou de religion.

En somme, le programme de n'importe quel parti radical en Europe est celui de nos constitutionnalistes-démocrates. Mais ils restent partagés sur bien des questions : admission des femmes au vote politique ; système d'une ou de deux chambres ; suffrage direct ou indirect des paysans ; autonomie à accorder aux pays annexés, Pologne, Petite-Russie, Caucase, etc. ; introduction des langues et des dialectes autres que le russe dans les bureaux et dans l'enseignement supérieur, etc., etc. Ce qui les divise le plus, c'est l'attitude à prendre vis-à-vis des partis extrêmes. Alors que le prince Eugène Troubetzkoï ne veut supporter la dictature ni des conservateurs ni des socialistes, d'autres, plus conciliants, n'osent pas même signer une déclaration refusant aux militaires ou aux matelots toute intervention dans la politique : ils craignent de s'aliéner des éléments qui, au besoin, pourraient servir à leur prépondérance. Ce manque de cohésion promet une dissolution ultérieure du groupe et la formation de groupements distincts, suivant les différents intérêts matériels qui sont en présence.

*
* *

Restent le parti du « régime légal » et les défenseurs de l'autocratie.

J'ai dit que le libéralisme russe a toujours été

17.

empreint de l'idée d'égalité. Aussi les libéraux qui se séparent des constitutionnalistes démocrates n'ont pu formuler aucun des principes dont s'est inspirée jadis la bourgeoisie en France ou en Angleterre. Je ne trouve dans les discussions des congrès de zemstvos, ou dans la presse périodique, rien qui rappelle cette tendance occidentale à reconnaître pour seul souverain la raison et à ne confier l'exercice du pouvoir politique qu'aux « capacités ». C'est à la suite du vote des zemstvos, promettant aux Polonais une certaine autonomie, que les défenseurs du « régime légal » essayèrent de constituer un parti indépendant des démocrates, et ils firent paraître un manifeste qui, sans être définitif, essaie de préciser la ligne de démarcation qui les sépare d'autres partisans des libertés publiques. On chercherait vainement dans l'énoncé de leur doctrine un mot qui fasse supposer qu'ils tiennent à rompre avec le système du suffrage universel. Ils se contentent de n'en point parler ; ils évitent toute discussion quant aux lois électorales. Tout au plus, s'ils donnent leurs préférences aux élections à double degré, et cela uniquement dans les campagnes afin d'éviter les complications qui doivent provenir du grand nombre des électeurs (150. 000 personnes par député au bas mot). Quant au principe de l'égalité devant la loi, ils s'en déclarent les partisans les plus fervents. Le régime de légalité, qu'ils ont choisi pour devise, ne comporte, d'ailleurs, point d'autre solution. Ils insistent même sur la nécessité de

mettre un terme à toute exception aux règles
de la loi écrite dont bénéficie ou pâtit la classe
paysanne. Ils poussent leur zèle jusqu'à libérer les
villageois de toutes les restrictions à la libre disposition de leurs biens, qu'impose l'existence du *mir*,
de la commune agraire.

Nous demandons une nouvelle dotation en terres pour les
paysans dans les localités où la terre commence à leur manquer ;
la dotation se fera à la condition d'un rachat équitable. Nous
recommandons également de disséminer les ménages paysans
*sur une plus grande superficie de terrain, en leur facilitant la
transmigration dans les régions moins peuplées.* Nous voulons
aussi diminuer le fardeau des impôts dont ils sont obérés, et nous
voulons contribuer par toutes sortes de moyens, à la dissolution
des communes agraires et au remplacement de la co-propriété par
la propriété individuelle. Il nous paraît urgent de supprimer toute
tutelle à laquelle les paysans restent soumis par suite de l'établissement de chefs de canton (*zemski natchalniki*), espèce de
factotums recrutés parmi les membres de la noblesse et possédant des attributions tant administratives que judiciaires. *Les
mêmes tribunaux doivent régler les conflits pour les paysans
et pour les autres classes de la société.* En règle générale,
nous désirons que les paysans soient en droit placés au même
niveau que les autres citoyens, car, de tous les habitants de
l'empire, le plus déshérité a toujours été le villageois : *c'est
lui qui a porté le fardeau principal de l'Etat et a le moins réclamé
contre une pareille surcharge.* Aussi l'Assemblée représentative
russe doit-elle s'occuper surtout de son sort.

A l'exception d'une condamnation bien formelle
du principe communiste, dont on ne trouve pas trace
dans le programme des démocrates, il me serait
difficile de relever, dans les paroles que je viens de

citer, une seule note discordante avec les vœux émis par les radicaux. Il en est de même en ce qui concerne l'amélioration du sort des ouvriers. Sans préconiser, — ni plus ni moins, d'ailleurs, que ne le font les démocrates — la journée de huit heures, le manifeste parle de perfectionner la législation ouvrière, et d'assurer le bien-être matériel de cette partie de la classe paysanne qui se consacre à l'industrie. Forcé de rompre avec son milieu, de quitter son coin natal, le paysan, devenu ouvrier, cherche non seulement à se procurer des moyens d'existence, mais aussi à satisfaire des besoins d'ordre intellectuel et moral. Il faut lui assurer, outre un salaire rémunérateur, des loisirs, diminuer la longueur de son travail, lui procurer de quoi vivre en cas de maladie ou de vieillesse, par un système d'assurances obligatoires. Ce n'est qu'en créant de meilleures conditions d'existence que nous pouvons constituer pour notre industrie une vaillante armée de travailleurs satisfaits du présent et envisageant sans crainte leur propre avenir et celui de leurs familles. Si on ajoute la promesse d'établir une instruction gratuite et obligatoire et de libérer l'école primaire de tout contrôle policier, afin d'assurer matériellement et moralement la situation des instituteurs, on aura vraiment de la peine à trouver en quoi le programme du « régime légal » se distingue des aspirations des radicaux.

Or, ceci mérite d'être noté, car nous voici bien loin d'un groupement bourgeois, ayant pour but la défense de certains intérêts matériels, ce qui, certes, est le propre de tout parti purement politique. Cette fois encore, nous avons affaire à une école plutôt qu'à un parti, et cette école n'a d'autres traits distinctifs que les suivants.

D'abord, elle est centraliste ; en second lieu, elle veut un pouvoir fortement établi, quoiqu'aux mains de la représentation nationale ; en troisième lieu, elle ne se désintéresse point des forces militaires de la Russie et inscrit dans son programme la réorganisation de l'armée et de la marine, alors que le parti radical a eu le grand tort, à mon avis, de négliger entièrement la refonte de nos institutions militaires : un certain nombre de réformes militaires sont de celles que la future Assemblée nationale aura à discuter, amélioration du sort, tant de l'officier que du soldat, éducation militaire plus soignée, nécessité d'établir par la loi un terme de service plus court, etc. Le « régime légal » pose en principe que, dans ces projets, on devra toujours avoir en vue un double but : « sauvegarder, autant qu'il se peut, une étroite relation entre le soldat et sa famille ou le sol qu'il sera plus tard appelé à cultiver, et assurer en même temps aux intérêts de la défense la plus grande force possible. Tous nos soins doivent être dirigés à relever la conscience morale de l'armée en imprégnant l'esprit des soldats de cette conviction qu'ils forment l'élite des citoyens auxquels le pays a confié la sauvegarde de ses intérêts et de son honneur ».

Le peu de mots que le manifeste du « régime
légal » consacre à la décentralisation administrative ou au relèvement du clergé paroissial n'est
pas fait non plus pour diversifier son programme
de celui des radicaux. Il ne reste, pour distinguer
les partisans du régime légal des démocrates constitutionnalistes, que le centralisme politique et l'éta-
tisme de ces libéraux, lequel devrait supposer,
comme contre-partie, le fédéralisme et l'individualisme des radicaux. Or, la majorité des démocrates
est loin d'être fédéraliste, et ils acceptent l'intervention du gouvernement dans les rapports économiques de patrons à ouvriers, et de propriétaires
à fermiers. Je ne vois donc pas en quoi les partisans de l'ordre légal sont autre chose que l'aile
droite du parti démocratique.

Un des centralistes les plus intransigeants,
M. Alexandre Goutchkoff, me paraît avoir compris la
difficulté de constituer un parti avec des principes
si peu différenciés des principes radicaux (1). Aussi
a-t-il voulu rallier ses coreligionnaires sous un
nouveau drapeau qui ne serait autre que celui du
manifeste impérial du 30 octobre. Malheureusement, ce manifeste ne contient que des promesses :
promesse des libertés nécessaires ; promesse qu'aucune loi ne serait faite sans la participation de l'As-

____

(1) La tentative de M. Gontchkov a abouti à la création du
« parti du 17/30 octobre », parti fort puissant à Moscou et dans
le centre de l'Empire.

semblée nationale ; promesse que la future loi
électorale se rapprocherait du suffrage universel.
L'exécution sincère et intégrale de ces promesses
remplirait la majeure partie des vœux démocratiques ; mais la conduite évasive du gouvernement
continue de rallier les partisans du régime légal à
la protestation que tout le parti réformateur élève
contre le manque de parole dont le Gouvernement
s'est rendu coupable depuis le 30 octobre.

Je continue, par conséquent, à penser que jusqu'ici on n'a pas trouvé le moyen de partager vraiment l'opinion réformatrice en deux camps. Et c'est
là un fait heureux, car, en face de ceux qui veulent maintenir l'autocratie contre l'avis du tsar
lui-même et des interprètes autorisés de sa pensée,
tous les démocrates et partisans des réformes
auraient tort de ne pas rester unis. Trop d'intérêts
forcent les grandes familles terriennes et les bureaucrates à maintenir le régime qui, tout en ayant
préparé notre défaite matérielle et morale, a jusqu'ici assuré leur prépondérance à tous les égards.
Ajoutez à ces intérêts égoïstes, comme derniers
soutiens d'un ordre qui s'en va, l'ignorance et la
superstition. L'ignorance fait que les paysans
illettrés considèrent tout manifeste, où l'on ne
promet pas de leur donner de nouvelles terres,
comme le résultat d'un nouveau complot des seigneurs contre le tsar. La superstition pousse non
seulement la foule orthodoxe, mais aussi les vieux-
croyants, bien que ces derniers n'aient bénéficié que

tout récemment de la liberté de conscience, à traiter toutes les idées nouvelles comme des importa-
tions étrangères, soutenues par les ennemis du
Christ (les Juifs).

Il m'a été douloureux d'apprendre, lors de mon
dernier séjour à Moscou, que les bandes noires, qui
se sont déshonorées par des massacres d'israélites,
ont été travaillées, non par la police seule, mais
aussi par les vieux-croyants, et j'ai vu avec peine
qu'un nombre très restreint de ces derniers avait
protesté contre le manifeste publié en leur nom par
la *Gazette de Moscou* et contenant un nouvel appel
au maintien des principes traditionnels, qui, jusqu'ici, avaient dirigé la vie politique du pays.

*
* *

Il résulte de l'ensemble des faits que je viens
d'exposer, qu'il n'existe en ce moment, en Russie,
que trois tendances, trois préférences sentimen-
tales, vers l'autocratie, vers la revendication des
droits de l'homme et d'une représentation nationale
égalitaire, vers la refonte des bases mêmes de la
société bourgeoise. Au sein de chacune de ces
écoles, des groupements particuliers ont pu se faire
sur des questions d'ordre secondaire, qui n'ont pas
de rapports directs avec les intérêts matériels. Mais
dans tous les partis vraiment politiques, ce sont
toujours ces intérêts qui, sous une forme ou sous
une autre, mettent les passions et les idées en jeu.

Je crois pouvoir, par conséquent, terminer cette
étude en disant qu'à l'heure qu'il est nous ne
sommes en Russie qu'à la veille de la formation de
partis politiques : le régime parlementaire ne peut
s'en passer ; un des principaux problèmes, que la
future réunion de l'Assemblée nationale russe fera
surgir, sera le groupement des individus non seulement d'après leurs préférences politico-philosophi-
ques, mais d'après leurs intérêts de classe.

TABLE DES MATIÈRES

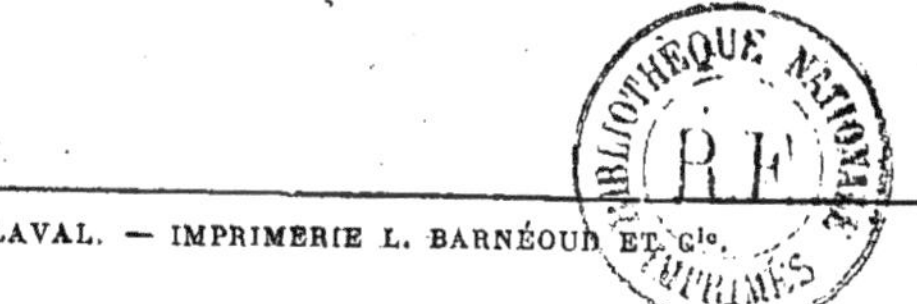

LAVAL. — IMPRIMERIE L. BARNÉOUD ET Cⁱᵉ.

9 782019 946845